Compact
コンパクト版 保育者養成シリーズ

谷田貝公昭・石橋哲成［監修］
谷田貝公昭［編著］

保育者論

一藝社

監修のことば

　江戸時代が終わり、明治になって1875（明治8）年、京都に柳池校付属の「幼稚遊戯場」ができたが、これは1年半ばかりで廃止されてしまった。よって、一般には、翌1876（明治9）年に創立された東京女子師範学校附属幼稚園が、日本における最初の幼稚園と言われている。本年はそれからちょうど140年目に当たる。日本最初の保育所は、1890（明治23）年、越後の国（新潟県）に誕生した。赤沢鍾美が自宅に「新潟静修学校」という私塾を設け、青少年の教育に携わったが、生徒の中には、乳幼児を背負ってくる貧家の子も多く、見兼ねた妻の仲子が乳幼児を保育するようになって赤沢保育園が始まったと言われている。保育所の歴史もすでに126年が過ぎたことになる。

　このように幼稚園も保育所（保育園）も、すでに100年以上の歴史を有するが、長い間「幼稚園」は文部省、「保育所」は厚生省の管轄下に置かれ、今なお、役所の名前は変わったものの、それぞれ文部科学省と厚生労働省の管轄下に置かれている。しかも、幼稚園で働く人には幼稚園教諭免許が、保育所で働く人には、保育士資格が求められ、同じ幼児教育に携わるのに、違った免許や資格が求められてきた。

　しかし、幼稚園も保育所も同じように、幼児の心身の円満なる発達を願っての営みであることには変わりない。この2つの保育施設がなんとか一つにならないものかと「幼保一元化」の動きが出てきたことも周知の事実である。この動きは、社会環境の変化とともにしだいに大きなうねりとなり、2006（平成18）年、「就学前の子どもに関する教育、保育等の総合的な提供の推進に関する法律」（「認定こども園設置法」）が成立して、「認定こども園」が誕生するに至ったのである。

長い伝統を持つ幼稚園や保育所の制度が完全に解体されることはないであろうが、今後、この2つの機能を併せ持つ「総合こども園」の構想もありえるし、さらには、また違った幼児教育施設の構想がなされていくかもしれない。しかし、どんなに時代が変わり、幼児教育制度が変わろうとも、その制度を生かすも殺すも、それは保育者の資質しだいであり、幼児教育の成否は、保育者の優れた資質能力に負うところが大きいと言わねばならないのである。

　この「コンパクト版保育者養成シリーズ」は、幼児の心の分かる保育者の育成を願って企画されたことは言うまでもないが、今回「コンパクト版」と銘打った理由は、大学の半期の授業に合うよう15章立てとし、1章9～10ページ、全体でも150～160ページに圧縮するという編集方針をとったことによる。1章の内容を1コマの時間で学べるように、必要不可欠な事項について簡潔明瞭な説明を旨とするよう努めたつもりである。多くの保育者養成機関でのテキストとして、また保育現場の先生方には研修と教養の一助として使用されることを強く願っている。

　最後になったが、監修者の意図を快く汲んで、本シリーズの刊行に全面的に協力をいただいた一藝社・菊池公男社長、また編集作業を担当してくださった森幸一編集長に深く感謝申し上げたい。

2016年3月吉日

監修者　谷田貝公昭
石橋　哲成

… … … まえがき

　保育とは、被教育者としての幼児を、望ましい方向に向かって変容させていくことをねらいとしている。したがって、幼児を保育する者にとって、幼児そのものを理解することが、保育の出発点となるのである。幼児を理解することなしには、いくら努力しても、幼児の保育の十分な効果を上げることを期待することはできない。保育は幼児を理解することに始まり、かつ終わるということができるであろう。

　ルソーは、彼の著『エミール』の冒頭において、「大人は子どもというものをまるで知らない」と述べている。この言葉は、ある意味で今日でも通用する。確かに子どもを理解するための児童心理学を中心とするその近接領域の諸科学は、ルソーの時代からすると驚くほど進歩してきた。しかし今日でも、多くの大人たちは、彼の時代と同様に子どもを知っていない。知識や学問などのいわゆる情報は、子どもについての多くのことを教えてはくれたが、逆に、大人が心から子どもを理解しようとする努力から遠ざかってしまった。昔よりも親子の間の心の隔たりは、ますます大きくなってしまっている。

　いったい、子どもは何を求めているのか、子どもとはいかなる存在であるのかといったことについて、科学はむしろ、人間を無理解にしてしまったかのように思われる。本来は人間をより理解しようとするための研究が、逆に人間を誤解してきたと言えるのではなかろうか。

　本書は以上のような点を踏まえ、保育者について多方面から、あるべき姿について述べたものである。

　保育者とは、広義には親を含める場合もあるが、一般的には、幼稚園の教諭、保育所の保育士、認定こども園の保育教諭を意味する。換言す

れば、家庭を場とする保育においては親、施設を場とする保育においては教諭、保育士、保育教諭を指すわけで、これらの保育者が、幼児の成長・発達のそれぞれの場において、どのような役割を演じるものなのか、そのためにはまず保育とは何かについて述べ、以下、保育者と保育の本質、役割と倫理、歴史、資質、専門性、養成、業務、マナー、望ましい保育者像、研修・服務、環境づくり、協働、専門機関との連携、法令について、保育者をめぐる一連の問題を多方面から、主として施設保育の場ををを中心に述べた。

　思うに、保育は要するに「人」にある。いかにりっぱな教材・教具が開発されたとしても、究極において保育を動かすものは、保育者それ自身にかかってくる。また、保育者の専門性に対する社会的要請はますます厳しくなっている。保育者の資質向上そのものが、全ての問題点を解決する唯一最大の鍵であると言わざるを得ない。

　我々執筆者は、これまで保育の理論的研究と実践指導に対して長年携わってきた同学の士ばかりである。しかし、複数の共同執筆者による協力的な著作であることから、論旨の統一や表現の調整に若干の不統一は免れ得ないが、多方面からの批判・叱正を期待している。この書が保育者養成課程にある諸子や、保育現場の諸方にとって、研修と教養の一助となれば、執筆者一同にとって望外の喜びとするところである。

2016年3月

編著者　谷田貝　公昭

もくじ

監修のことば 2
まえがき 4

第1章　保育者論

第1節　保育とは 9
第2節　保育者とは 13

第2章　保育者と保育の本質

第1節　子ども観 19
第2節　保育観 22
第3節　遊び 25
第4節　養護と教育 27

第3章　保育者の役割と倫理

第1節　保育者の役割 29
第2節　保育者の倫理 34

第4章　保育者の歴史

第1節　外国の保育者 39
第2節　日本の保育者 43

第5章　保育者の資質

第1節　保育者に必要な資質とは 48
第2節　保育者の姿勢 51
第3節　楽しめる保育者として 53
第4節　環境としての保育者 55

第6章　保育者の専門性
第1節　保育者の専門性とは何か　57
第2節　生活や遊びを通しての総合的な指導　60
第3節　偶発的な出来事への対応　63

第7章　保育者の養成
第1節　保育士の養成　66
第2節　幼稚園教諭の養成　70
第3節　保育者養成の新たな課題　74

第8章　保育者の業務
第1節　各園の業務　76
第2節　児童福祉施設での業務　82

第9章　保育者のマナー
第1節　身だしなみ　86
第2節　挨拶と言葉遣い　87
第3節　人として、保育者として　92

第10章　現代における望ましい保育者像
第1節　幼稚園教育要領に見る保育者像　94
第2節　「望ましい保育者像」に関する調査　96

第11章　保育者の研修・服務
第1節　成長し続ける保育者を目指して　103
第2節　保育者としてのキャリア形成のための研修　106
第3節　保育者としての服務とは　109

第12章　保育者と環境づくり
第1節　環境を通して行う保育　112
第2節　豊かな保育環境とは　113
第3節　環境を計画的につくる保育の展開　117
第4節　保育の振り返りと評価　120

第13章　保育者の協働

　　第1節　保護者との協働　122
　　第2節　地域社会における協働の方法　126
　　第3節　さまざまな子育て支援者との協働　128

第14章　保育者と専門機関との連携

　　第1節　専門職との連携　132
　　第2節　専門機関との連携　135

第15章　保育者と法令

　　第1節　法令の捉え方　141
　　第2節　子どもの最善の利益　143
　　第3節　「保育者」に関する法令　144
　　第4節　保育者と保健・安全に関する法令　149

監修者・編著者紹介　153
執筆者紹介　154

第1章　保育者論

第1節　保育とは

1　「保育」の意味・概念

　保育という用語は、1876年わが国最初の幼稚園である東京女子師範学校附属幼稚園（のち東京女子高等師範学校、現在のお茶の水女子大学附属幼稚園）の規則の中で用いられたのが最初である。「園中ニ在テハ保姆小児保育ノ責ニ任ス」「入園ノ小児ハ保育料トシテ一ヶ月二十五銭ヲ収ムヘシ」「小児保育ノ時間ハ毎日四時間トス」とある。

　その後現在に至るまで、一般に慣れ親しまれ使われてきている。しかしながら、必ずしも同じ意味、同じ概念で用いられているわけではなく、むしろ明確さを欠いた、はなはだ漠然とした解釈の下に慣用されている用語である。そこで、1960年代以降に刊行された保育学書の中から、「保育」という用語に対する見解を紹介し、比較検討をしてみよう。

　荘司雅子（1909～1998）は、「幼児の教育は特に『保育』と呼ばれている。―＜中略＞―　『教育』という仕事は東洋でも西洋でも、その本来の意味は、教師が積極的意図的に外から子供に何かを教えさずける働きである。―＜中略＞―　教えさずけるにはそれを受け入れるに耐えるほどに子供の精神が発達していなければならない。そして、それはだいたい満6歳とされているから、教育は普通、小学1年生から始まることとなっている。―＜中略＞―　教育という仕事の本来の意味は学校教育であり、そしてそれは知識の習得と技能の錬磨を主としている。―＜中略＞―　『保

育』の『保』は、たもつ・やすんずる・かしずく・もり・つきそいなどという意味である。だから保育とは『守り養って善におもむかせ、率いて徳をなさせる』ことである。ドイツ語ではプレーゲ、英語ではナースといっているが、いずれも世話とか保護とか配慮などの意味である。だから保育は教育のように積極的に知識や技能を教えさずけるというよりは、むしろ消極的に子供のうちにあるものを守りはぐくむことである」［荘司、1967、pp.3-4］と意義づけ、教育が積極的なものであるのに対して、保育は消極的な要素を持つとしている。

山下俊郎（1903〜1982）は、「保育というのは、乳児や幼児というような年少の小さい子ども達を育てる教育的営みを総称する呼び名である。したがって、場合によっては、幼児の中に乳児までも含めて、『幼児の教育』『幼児教育』というのとまったく同じであるといってよい。―＜中略＞― 保育という言葉は、いままで述べたように、年少であり幼ないひよわな子どもである幼児の教育を意味している。ところで、幼児の教育では、何といっても相手が幼弱な子どもである。言葉はおなじく教育といっても、その教育の内容や方法については、大きい子ども達を教育する場合とは大いにちがった心づかいが必要である。―＜中略＞― 相手が幼ない、ひよわな子どもであるということは、ただ真向から教育の内容を、極端ないい方をすればたたきつけるように与えるということを許さない。小さくて、幼なくて、ひよわであるから、この子ども達を保護してやり、いたわってやり、面倒を見てやり、世話をしながら教育の営みをして行かなければならない」［山下、1972、pp.13-14］としている。荘司の説と以下の2点で共通している。第1に、保育とは乳幼児を対象とし、広義には教育の一分野であり、幼児教育と同義語である。第2に、保育対象が乳幼児であることから、それに対応する方法には独自性のあることである。

また、日名子太郎（1922〜2001）は、主要な保育学文献に見る「保育」についての考え方を分析したうえで、「保育とは、『乳幼児を養護・教育

する人(為)的、社会的、並びに法的な一連の活動』であると考えられる」と定義し、それについて、「親が、家(庭)内で、わが子を育てるという行為は、従来は、ごく自然で、当たり前のこととされていた。これが保育の人(為)的活動で、個人的、肉親的、家(庭)内的要素の強いものである。人間の社会では通常、子どもは、その生みの親に育てられる『権利』があり、一方、親は、生んだ子どもを育てる『義務』があるとされているが、それが何らかの理由で正当に行われない場合も少なくないから、さらに保育は、社会的、法的活動としてもとりあげられる必要を生じる。─＜中略＞─ つまり、保育は、時の流れとともに、私的活動から次第に公的、社会的性格を強め、当然、法的に規定されるようになってきたといえよう」[日名子、1983、p2]と説明している。

　これまで見てきたことから、保育の概念を規定しておくことにしよう。保育とは、心身ともに脆弱な幼児を対象に教育するには、特別な保護や世話を必要とするという意味で用いられたものであろう。換言すれば、保育とは、幼児の発達的特質から保護と教育とが一体となった営みということである。

　保育という用語は、本来、学校教育法の適用を受ける幼稚園で使われてきたのであるが、現在は、児童福祉法の適用を受ける保育所などにおいて多く用いられている。このことは、保育所が幼稚園よりも幼弱な子どもを扱っていることに、一つの要因があるとも考えられる。

2　「保育」と「幼児教育」「就学前教育」「幼年教育」

　保育という言葉に類似したものに、「幼児教育」「就学前教育」「幼年教育」などという用語がある。それらについて若干の説明を加えることにしよう。

　幼児教育という用語は、文字どおり幼児を対象とする教育を意味する。この場合、6歳以後の「児童」に対して、「幼児」とは、広義には0歳から、狭義には1歳以後小学校就学の始期に達するまでの期間に属する者

をいうのである。ここでいう教育とは、小学校以上の学校でいう教育の機能とは必ずしも同義ではない。教育の対象が幼児であるから、彼らにとって適切な環境を与えて、これを保護し養育するという養護機能の営みが含まれる。この機能は、一般に教育機能とは本質的に異なるものであるが、そのどちらにウエイトを掛けるかによって、保育と教育の言葉の使い分けがなされているのである。

「就学前教育」という用語は、子どもが小学校に就学する以前に受ける教育を意味する。すなわち、教育制度との関係によって規定したものである。したがって、誕生から小学校就学までの教育であるが、狭義には乳児は含めない。かつまた幼稚園が、学校教育法第1条によって、「学校」としての地位を認められた立場から考えれば、幼稚園教育は、「就学前教育」という概念からはずれて、「小学校以前の教育」と言うべきである。

「幼年教育」という用語は、最も漠然とした用い方の場合には、幼児教育とほぼ同じ意味に用いられることもある。そして、広い意味に用いられる場合は、幼児後期から小学校低学年までを、心理学および生理学的に一つのまとまった発達段階をなしているという観点から、子どもの成長・発達に適応した、より組織的な教育が可能であるとする考え方である。すなわち、幼年教育とは、幼児後期の幼児と小学校低学年児とを、一つのまとまった段階として捉えて教育しようとするところに、その最大の特色があると言える。

このように見てくると、保育、幼児教育、就学前教育および幼年教育という概念は、基本的には一致すると考えてよいだろう。すなわち、幼児という発達上の特異性を持った対象に対する教育の方法の特質に基づく「保育」、幼児という年齢段階に基づく幼児教育、制度的見地あるいは就学という事象に基づく「就学前教育」、新しい価値観に基づく「幼年教育」、いずれも等しく就学前の保育という方法的特質を持つ幼児教育の意味に用いられていると考えてよいと思われる。

第2節 保育者とは

1 保育者とは何か

　保育学とか教育学とかは、ある意味において保育者論、教師論であったと言ってもよい。それは、保育・教育を論ずるとき、どうしても保育・教育を行う人、すなわち保育者・教師を論じないわけにはいかないからである。

　教育改革者たちが、近代公教育制度に際して掲げた合い言葉は、クーザン（Cousin, Victor 1792～1867）がプロイセンの教育視察をしたとき、感銘して唱えた「学校は教師しだい」（As is the teacher, so is the school.）ということであった。今と比べて何もかもが未発達であった当時を考えれば、教育の成否が教師の良否に関わっていたことは想像に難くない。しかし、教育制度が充実し施設設備が整備され、優れた教材・教具が開発された今日においても、教師の重要性には変わりはない。なぜなら、それらを使うのは教師であるからである。いかに優れたものであっても、教師の取り扱い方いかんによっては、子どもの発達にとって無益どころか、誤らせることも起こり得る。

　したがって教師は、教育において中心的位置を占めている。古来から教師の資質論を中心とした多くの教師論が展開されてきたことがその証左である。ペスタロッチー（Pestalozzi, Johann Heinrich 1746～1827）に理想の教師像を求めたケルシェンシュタイナー（Kershenstiner, Georg Michael 1854～1932）の教師論を、その典型として挙げることができる。

　このように、教師に対する関心は、現在においてもなんら変わることなく、むしろ、いっそう強いものとなっている。それは、それだけ教師に対する期待が大きいことを物語っていることであり、反面、教師に対する失望の大きいことの現れと捉えることもできる。保育者についても

同様と言えよう。

　一般に保育者といった場合、幼児を保育する専門家を指すことが多い。わが国において幼児を保育する機関は、幼稚園、保育所、認定こども園などがある。根拠法律の違いにより、幼稚園における保育の専門家を「教諭」と呼び、保育所におけるそれを「保育士」、幼保連携型認定こども園のそれを「保育教諭」と呼んでいる。一般にこれらを総称して「保育者」と呼んでいる。

　保育者の仕事は、本質的な意味においては、小学校以上の学校の教師と異なるものではない。しかし、対象である被教育者の発達的特質、すなわち未成熟であるということと、それに伴う発達の可能性が大であるということからくる点に特徴がある。したがって、保育の方法や保育内容などでも、小学校以上のそれとはかなり異なったものがあるのである。それゆえに保育者は、幼児期の発達上の諸課題とそれを実現させるための諸条件、そして、その働きかけの方法を認識していなければならない。

　人生初期の乳幼児期は、人格形成の基礎的段階であり、周りの環境の影響を非常に受けやすい時期でもある。この時期にどんな経験をするかが、その子の人格を形成するうえで大きな意味を持つのである。その第一番目が、家庭における家族関係である。そして、その次にくるのが社会環境としての幼稚園とか保育所等である。したがって、保育者は、子どもにとって家族以外に人生の初期に出会う有意味な大人である。それだけに、人的環境としての保育者の影響は大きなものがある。

　そこで保育者は、保育に関する専門的知識や技術はもちろん、彼らを保育するにふさわしい人間性を兼ね備えていることが必要とされるのである。

2　保育者の役割

　各学校段階における人的環境としての教師の重要性は論をまたない。中でも、大人に全面的に依存する乳幼児期においては、保育者の果たす

役割は大である。それだけに、乳幼児と保育者の関係は密接であり、この両者は不可分の関係にあると言える。

彼らは、保育者をモデルとして、価値やさまざまな行動を獲得していくのである。例えば、幼稚園ごっこなどをしているところを見ていると、歩き方、話し方、叱り方、命令の仕方など、驚くほど担任のそれに似ていることが多い。彼らは、保育者の行動様式や表情などを、保育者が全く意識しないうちに自分の中に取り込んでいるのである。

したがって、保育者は常に子どもから、いつ、どこから、何を模倣され、吸収されてもよいような状態にあらねばならない。しかも彼らは、取捨選択の余地なしに自分の中に取り込んでいることも忘れてはならない。

このように、幼児のモデルとしての保育者の役割一つを取っても、保育者は極めて重要な存在であると言えよう。

保育者の役割について、日名子は、次のようなことを挙げている［日名子、1983、p2］。これらは、次項で取り上げる保育者に望まれる資質と考えてもよいものである。

①保育者は、まず雰囲気が大切である。
②保育者は、保育哲学を持つべきである。
③保育者は、教える態度よりも、子どもたちとともに遊び戯れる態度を大切にすべきである。
④ユーモアの感覚のあること。
⑤保育者は、喜びの人であること。
⑥保育者は、第一義に生きるべきこと。
⑦保育は、学ぶべきものではなく、会得すべきものであること。

そして、これに具体的な保育者の役割を付け加えるとすれば、として次の2点を挙げている。

①個人を見落とさないように努力すること。
②学級管理の能率化。

3 保育者の資質

　保育者の資質や適正については、多くの人々によって論じられているが、このことは、対象が未成熟な乳幼児であることに起因していると言えよう。
　それらに共通して挙げられている資質は、おおむね次の3つである。
　①保育に関する専門的知識
　②保育に関する技術
　③保育者の人間性
　そこで、保育者の資質を論じたもので代表的と思われるものの中から、山下と日名子のものを紹介する。
　山下は、保育者を環境の一つと考え、次のような条件を掲げている［山下、1956、pp.102-110］。
　①子どもを愛する人であること。
　②高位を知性をもち、この知性に支えられた技術を身につけていること。
　③健康な人であること。
　④明るい人であること。
　⑤身だしなみのよい、きれいな清潔な感じを与える人であること。
　⑥聡明な人であること。
　⑦勤勉な人であること。
　⑧ひろい心をもった人であること。
　⑨ものわかりのいい人であること。
　⑩使命感を持った人であること。
　⑪保育者どうしの温かい、なごやかな人間関係をつくる人であること。
　また日名子は、先に紹介した保育施設における保育者の役割の他に、3つの角度から保育者像を考えている。それは、「新しい保育者像の基本」「保育者としての適正」「保育者の自己成長のポイント」である。そ

こで、これらのうちから保育者の自己成長のポイントについて紹介しよう［小原・日名子、1971、pp.137-142］。

①あなた方は、専門の職業人としての保育者であることを、つねに自覚しているだろうか。
②日常の生活の中で、たえず「教材」の研究に意を用いているだろうか。
③あなたがたは、保育する「子どもの心」をつかんでいるだろうか。
④自ら作った保育計画に、自分自身がしばられて動けなくなってはいないだろうか。
⑤保育には臨機応変が大切である。あなたは、いつでも臨機応変の処置がとれているだろうか。
⑥保育に際して、場の雰囲気をどのようにしてもりあげているだろうか。
⑦集団における自由と規律を、どのように理解しているだろうか。
⑧子どもの行動、態度の変化に眼を向けているだろうか。

以上、8項目を挙げ、職業的保育者の自己開発、向上の方法について具体的指針としている。

これに対して、千羽喜代子は、次の3項目を付け加えたいとしている［千羽、1979、p11］。

①幼児の人間関係の場としての家庭以外のもう一つの場である集団生活において、集団生活という側面から子どもの成長を助ける。あるいは、必要によっては親にアドバイス（助言）を与える。
②子どものよさ、および個性を発見する。
③ある限られた子どもたちだけでなく、多様な行動特徴をもった子どもたちを保育する能力を持っている。

ここに挙げられているようなことを、全て満たしている保育者がいるだろうか。もし満たさなければ保育者になれないものだとしたら、多く

の保育者志望の学生や保育者は失望するに違いない。だが、失望する前に、ここに挙げられているものは、保育者のあるべき姿と考え、理想の保育者としての努力目標として、一歩でも近づく努力が望まれる。

　保育は、かなり難しい複雑な活動であるから、それに当たる保育者は、基本的には全人であることが望まれる。残念ながら、保育者の質は、他の教育・福祉等の分野で働く人々に比べて必ずしも高いとは言えない。その養成もこれまで、2年制の養成機関を中心に行われきたが、現在は4年制および大学院修士課程における養成へと進展してきていることは望ましいと言える。

【引用・参考文献】
　小原国芳・日名子太郎『保育者論』玉川大学出版部、1971年
　荘司雅子『幼児教育概論』福村出版、1967年
　千羽喜代子他『保育原理』光生館、1979年
　日名子太郎「保育と保育学」日名子太郎集編『新保育学概論』同文書院、
　　　1983年
　谷田貝公昭編集代表『新版・保育用語辞典』一藝社、2016年
　山下俊郎『保育概論』恒星社厚生閣、1956年
　山下俊郎『新版保育学概論』厚生閣、1972年

（谷田貝公昭）

第2章　保育者と保育の本質

第1節　子ども観

1　保育者と子ども観

　子どもについてのどのようなイメージを持つのかということは、保育者にとって重要な問題である。それは、保育者の考える子ども観に基づいて保育が行われるからである。どのような子育てをするのかということは、保育者の子ども観に委ねられている。例えば子どもを善悪のどちらで捉えるかによって、保育の内容に変化が生じるのである。では、保育者はどのように子どもについて考えるべきであろうか。以下に子ども観について概観していくことにする。

2　子ども観の変遷

　誰もがかつては子どもであった時分がある。子ども時代を過ごすことがなかった大人は誰もいない。では、私たちはどのような子ども時代を思い浮かべることができるだろうか。子どもという概念を定めるとき、そこには子どものイメージが一様でないことに気づかされる。子どもという存在は、一つの概念に集約することができないのである。
　アリエス（Ariès, Philippe 1914～1984）の『〈子供〉の誕生』によれば、子どもは近代の産物であることが理解される。子どもの遊びや学校生活等、子どもを子ども化するための要素が近代において集約され始めたのである。それに付随して、ルソー（Rousseau, Jean-Jacques 1712～1778）の「子ど

もの発見」は、善なる子どものイメージを形成するものとして多大な役割を果たした。教育史上ルソー以降において、子どもは純真で無垢なる者というイメージが定着している。それ以前には、中世の頃の教会における聖母子像に代表されるように、優美なマリアに抱かれた幼子イエスの純潔なイメージが先行する。ルネサンス美術には、幼子イエスに代表される子どもの遊戯が描写されている。

　近代以前、主として子どもは「小さな大人」と見なされていた。子どもは一家の働き手として労働しなければならなかったのである。子どもは低賃金で長時間労働を強いられる状況の中で、イギリスのエリザベス救貧法は、貧困社会において児童労働を承認するものであった。子捨てが横行していた時代に自分で生きていく道が与えられ、これは子どもの救済を目的にするものではあったが、同時に児童労働の促進を意味するものでもあった。過酷な労働条件の下では、幼い子どもが工場の煙突掃除をして火傷を負うこともあり、子どもは大人の所有物のような扱いであった。後に制定されたオウエン（Owen, Robert 1771～1858）の工場法は、子どもの労働の軽減を定めるものであったが、子どもの労働そのものが見られなくなったのではなかった。

　一方、有産階級の恵まれた家庭の場合、子どもは「小さな大人」ではなく、大切に守り育てられる存在であった。乳児の子育ては乳母によって行われ、児童期の子どもは家庭教師によって、読み書きや数、音楽などを学ぶ。子どもには自由な時間が与えられ、多くの遊具に囲まれて育つことができたのである。

　20世紀になると、ケイ（Key, Ellen Karolina Sofia 1849～1926）が『児童の世紀』を発表し、子どもの時代の幕開けとなった。1908年にイギリスでは児童法が成立し、ようやく全ての子どもの生活が保障されたのである。子どものための制度が整えられるようになり、子ども全般が生活世界の中で大人に見守られ保護される存在になった。児童中心主義の思想が確立したのである。

こうした社会の変化を背景として、子どものイメージは豊かなものに展開していった。ロマン主義的な子ども観に代表されるように、純粋で無垢な子どもらしさが強調されたのである。例えば、近代においては子ども文化が花開いたが、イギリスのグリーンナウェイ（Greenaway, Kate 1846～1901）の『窓の下で』には、純真でかわいらしい子どもの遊びの様子が紹介されている。また、ポター（Potter, Helen Beatrix 1866～1943）の『ピーターラビット』では、自然豊かな田園風景の中で擬人化された動物の生活が表現され、多くの子どもたちの人気を博した。さらに、バリ（Barrie, Sir James Matthew 1866～1943）作の『ピーターパン』においては「永遠の子ども」が示されるように、子どもであることが一つの特権になっていく。子どもの立場が承認され、いつしか子どもの権利が唱えられるようになった。

　しかし、第二次世界大戦下の子どもたちは惨憺たる状況にあり、ポーランドの医師コルチャック（Korczak, Janusz 1879～1942）は、子どもの力では解決できない現実に苦慮しながら、子どもたちとともに死去したという事実がある。子どもが弱者であることが露見したのである。ドイツの作家ケストナー（Kästner, Erich 1899～1974）は、大人と子どもの関係を示しながら、社会の導き手は戦争を招いた大人ではなく、子どもであることを主張し、大人になってもいつまでも子どもである人だけが人間であるという考えを児童文学の中で示している。ケストナーは、大人の中の子ども性に注目し、子どもを善に近い存在に位置づけた。またケストナーは、子どもの不幸は戦争の悲惨な状況だけではなく、家庭の事情や子どもの放任、子捨てやいじめなど多岐に及ぶことを説き明かし、子どもの問題の解決が社会で求められていることを述べた。

　戦後は、エンデ（Ende, Michael 1929～1995）が『モモ』の中で、退廃した社会の中で、時間泥棒を追いかける勇敢な少女の姿を描いた。社会の担い手は大人ではなく、子どもに託していくという考えが現代においても継承されている。

第2節　保育観

1　欧米の保育観

　子どもを保護しながら育成することが保育の目的であるが、欧米ではどのように保育についての考えが示されてきたのだろうか。

　最初の保育施設は、フランスのオーベルラン（Oberlin, Johann Friedrich 1740〜1826）によって手がけられた。牧師であったオーベルランは、人々の貧困を救済するためには教育が必要であるという考えから、小学校や保育施設を設立したのである。保育施設は編み物学校とも呼ばれ、週1〜2回の保育で2歳児から6歳児までが対象であった。

　また、スイスではペスタロッチー（Pestalozzi, Johann Heinrich 1746〜1827）が孤児の教育に携わった。ペスタロッチーは子どもたちに優しく語りかけて、常に子どもたちに家庭にいるような雰囲気でくつろぐことのできる環境を用意した。

　ペスタロッチーの影響を受けたドイツの教育者フレーベル（Fröbel, Friedrich Wilhelm August 1782〜1852）は、1840年に一般ドイツ幼稚園を設立する。これは世界で最初の幼稚園である。牧師の息子であったフレーベルは、キリスト教を基盤に子どもの教育を構築した。教育の目的は、子どもが神に守られていることに気づき、日々安心して過ごすことにある。フレーベルは児童神性論を唱えているが、それは、子どもの本質を神性と捉え、そこから子どもの善性や無垢性を導き出したものである。フレーベルは遊具として「恩物」を考案したが、これは、神からの恩恵という意味がこめられている。また、幼稚園（Kindergarten）とは「子どもの庭」という意味であり、植物が育てられる園庭が子どもの育ちに必要であることが説かれている。フレーベルは子どもの自然環境に配慮し、生命に対する畏敬の念を子どもたちに示したのである。

20世紀になると、イタリアのモンテッソーリ（Montessori, Maria 1870〜1952）が「子どもの家」の指導者として乳幼児の保育に携わった。女医のモンテッソーリは知的障害児の治療として、知育玩具である「教具」を開発した。これは、子どもの発達に応じて使用できるしくみである。またモンテッソーリは、子どもの身体に合わせた小さな机やいす、棚なども考案した。これは、子どもの立場を考慮したものとして、多くの保育施設に普及するようになった。このような配慮から、モンテッソーリの考えは児童中心主義の保育といわれたのである。

　同時代においては、ドイツのシュタイナー教育において幼稚園が設立された。シュタイナー幼稚園では、子どもの発達を基盤にしながら保育が行われ、幼児期の子どもには身体の育成が重視される。また、シュタイナー（Steiner, Rudolf 1861〜1925）は「音楽家としての子ども」という概念を示し、3歳から4歳の子どもが踊りを好む傾向を説明した。シュタイナー幼稚園では、オイリュトミー（身体表現）が行われる。

　欧米の保育は、フレーベルの功績が多大である。20世紀になると児童中心主義の保育が確立されたことにより、子どもの主体性や自由が尊重された。特に子どもの発達が考慮され、早期教育における知育偏重の傾向を排除し、子どもの身体や感性の育成が重視されたのである。

2　日本の保育観

　フレーベルの保育を日本に忠実に伝えた人は、ドイツ人の女性であった松野クララ（Matsuno Clara 1853〜1941）である。クララ女史はフレーベルの直弟子であり、明治期に日本で最初に設立された幼稚園である東京女子師範学校附属幼稚園の主任保母として幼児教育の普及に尽力した。この幼稚園では設立当初から、子どもたちが積み木や折り紙などで遊ぶ姿が見られるが、クララ女史が音楽教育の普及に尽力したことから、遊戯室では唱歌も十分に行われた。

　大正期になると、倉橋惣三（1852〜1955）が東京女子師範学校附属幼稚

園の主事を務めた。倉橋惣三はフレーベルやモンテッソーリを紹介し、自由主義保育を確立した。倉橋が説いた「誘導保育」はその一例であり、保育の形態では、子どもが興味・関心のある遊びを自由に主体的に行うことが中心であり、保育者はそれを背後から見守ることが求められた。また、倉橋は生活重視の立場から、幼稚園と家庭における子どもの過ごし方の違いに注目し、子どもの生活を基本とした保育を提唱した。

　大正期には、羽仁もと子（1873～1957）が自由学園を設立し、生活をあらゆることの基礎に考え、「生活しつつ、祈りつつ」というスローガンの下に、キリスト教主義に基づいた敬虔な生活教育を示した。1939年に羽仁もと子が設立した幼児生活団では、週1回の集いの中で子どもの生活を良きものにするために、家庭と連携しながら丁寧な生活の積み重ねが実践的に示された。また羽仁もと子は、自由学園の卒業生をドイツのバウハウス（芸術学校）の教師イッテン（Itten, Johannes 1888～1967）のもとに送り、工芸を学ばせた。その成果が、幼児生活団の美術教育にも生かされている。

　同時代には、小林宗作（1893～1963）が、スイスのジャック=ダルクローズ（Jaques-Dalcroze, Émile 1865～1950）考案のリトミック教育を日本に紹介した。リトミックとは、心と身体の調和を目指した動きを表現するものであり、ピアノ曲のリズムに合わせて身体運動が行われる。小林宗作はトモエ学園の校長でもあり、自由教育の推進者として知られている。

　日本の保育は、欧米からの導入によるものが多い。また、大正期は自由主義保育の流れを重視し、子どもの自由や主体性を尊重する保育が行われた。子どもの立場や権利を擁護し、児童中心主義の保育が確立したのである。児童中心主義の思想は、欧米を中心に、日本も含め世界的に広がった。このような考えは現代においても受け継がれ、子どもの気持ちや心意に寄り添う保育が示されている。

第3節 遊び

1 子どものイメージ

　子どもはイメージで遊ぶ。お話を楽しむことやお絵描き、ごっこ遊び、童謡を歌うことなど、子どもの遊びは多岐にわたるが、どれもイメージと深く関わっている。
　イメージは目には見えない。それは、子ども自身が自分で創り出すものである。イメージが明瞭化するほど、子どもは遊びを楽しむことができる。『くまのプーさん』の作者ミルン（Milne, Alan Alexander 1882～1956）は、子どもが遊んでいるときの気持ちを次のような詩で表現する。

　　　子どもべやのいす
　　このいすは　みなみアメリカ
　　このいすは　うみのふね
　　このいすは　ライオンのおり
　　そしてこのいすは　ぼくのいす
　　　　出典：［ミルン、1978］より一部抜粋。原題は"When We Were Very Young"

　詩の中の子どもはイメージの世界で自由に遊んでいる。いすをさまざまなモノや事象に見立てながら、子どもは遊びを繰り広げる。イメージの世界で子どもは冒険するのである。そして、イメージの世界から子どもは現実の世界（ぼくのいす）に戻る。イメージの世界が架空の世界であることを、子どもは心得ている。そこで、遊びが成立する。現実とは異なるもう一つの世界で、子どもは自由に心を解き放つのである。
　お話の世界は、現実とは異なる空想（ファンタジー）である。しかしながら、この空想の世界が子どもにとっては虚実ではなく、真実であることを知らなければならない。上田由美子（1932～）によれば、それは子

どもにとって大切な本当のことであり、現実と空想は、子どもにとっては同じ次元の世界であるという［上田、1985］。そこで真剣な遊びが成立するのである。そのことを、保育者は理解しなければならない。これは、どの遊びも同様である。

2 遊びと表現

　子どもは、遊びの中で自分の思いや考えなどを自然に表現するが、お絵描きで自分の気持ちを表現する子どももいれば、積み木で自分の心を表す子どももいる。あるいは、砂場遊びで自己表現をする子どももいる。子どもは自分の好きな遊びで、自由自在に自分のことを語るのである。保育者は、子どもの活動の中心である遊びの中で、子どもの気持ちや心意を理解しなければならない。そこから、心の交流が生まれるのである。

　シュタイナーによれば、子どもは模倣によって学ぶため、大人は模範を示さなければならないという。遊びについても、保育者が子どものために手本を示すことによって、子どもが「やってみたい」という気持ちが引き出され、子どもの創意が自由に発展するのである。

　遊びによって子どもの意志が育てられ、遊びが子どもにとって喜びであれば、遊びは何度でも繰り返し行われる。そして、遊びはいつしか子どものものとなるのである。

　イメージは、子どもの発達に規定されるところがあるが、子どもが遊びに没頭すると、ときには年齢を超えてイメージの世界が広がることがある。子どもは、自分の心を捉える遊びに出会うと創造力が働き、個性が発揮される。そこにダイナミックな表現が生まれるのである。子どもにとって、興味・関心を持つことのできる遊びとの出会いは重要である。

第4節　養護と教育

1　子どもの育ち

　保育において、養護と教育は一体となって展開される。保育所保育指針によると、子どもの生活と遊びを通して、養護と教育は相互に関連を持ちながら展開される。保育とは、保育者が子どもを世話（ケア）することから始まるが、例えば基本的生活習慣（食事・排泄・睡眠・着脱衣・清潔）を通して生活のリズムがつくられ、保育者との信頼関係を通して、一人ひとりの子どもが主体的に活動できるように、子どもの生活を援助することが肝要である。そこから、子どもが自信を持って、遊びを創意工夫しながら発展させていくための基盤ができるのである。保育者は、そうした子どもの育ちを見守らなければならない。

2　主体としての子ども

　子どもは保育者に世話（ケア）されながらも、自分一人でさまざまなことに取り組めることが喜びになる。子どもが主体であることを保育者は常に考慮しながら、子どもが自分の力でさまざまなことを行うことができるように援助しなければならないのである。

【参考文献】
　アリエス，P.（杉山光信・杉山恵美子訳）『〈子供〉の誕生——アンシァン・レジーム期の子供と家族生活』みすず書房、1980年
　上田由美子『子どもと本のかけ橋』大和書房、1985年
　上笙一郎・山崎朋子『日本の幼稚園——子どもにとって真の幸福とは』光文社、1985年

グルネリウス, E. M.（髙橋巖・髙橋弘子訳）『七歳までの人間教育──シュタイナー幼稚園と幼児教育』水声社、2007年

厚生労働省『保育所保育指針解説書』フレーベル館、2008年

ミルン, A. A.（小田島雄志・小田島若子訳）『クリストファー・ロビンのうた』晶文社、1978年

（馬場結子）

第3章　保育者の役割と倫理

第1節　保育者の役割

　幼稚園も保育所、認定こども園も乳幼児が集団生活を送る教育（保育）の場である。保育者の役割を考える際に、この集団であることがさまざまな意味を持つことになる。ここでは『幼稚園教育要領解説』をベースとしながら、筆者自身の実践を踏まえて保育者の役割について考えたい。

1　一人ひとりとの信頼関係と集団生活

　担任時代も、園長となった今も、子どもたちとともに創り出していく遊びや生活を大事にした保育実践を目指している。
　その大前提として、幼稚園等が子どもたちにとって安心できる居場所となる必要がある。そのためには、一人ひとりを温かく受け止め、信頼関係を築き、心のよりどころとなる保育者の役割が重要となる。

　　教員1年目、登園しても表情が硬く、なかなか保育室に入れない子が2人いた。いろいろと考え、そのうちA児とは、いっしょに園庭の脇に咲く花や種を採りながら、他愛のない会話から心を通わせていくことにした。もう一人のB児とは、学級で飼っていたハムスターへの餌やりをいっしょにしながら仲よくなっていった。
　　正面から向き合うのではなく、花や生き物に対して、子どもの横で同じ目線で過ごすようにした。「この葉っぱ食べたよ、ほら」「うん」と、小さな共感を糸口に関わり、距離を縮めつつ、園での遊びや友達への興味・関心につなげていった。時間はかかったが、ゆっくりと心の扉が開いて、自分の意志で動き出すことができたときの喜びは格別であった。

しかし、集団生活をする子どもたちが、それぞれに自己発揮しつつ、集団としても育つためには、もう一つ大きな要素がある。それは、集団としての最低限の秩序が守られていることである。しかもそれは、上から押し付けられたものではなく、自分もみんなも幸せな日々を過ごすために、そうしたほうがいいこととして浸透させていきたいものである。同時に、人権や安全に関することは、全ての子どもを守るために保育者が毅然とした態度を示さなければならない。

　「幼稚園では、こんな遊びが楽しめる」「ここでは、先生の話を聞いて動くと楽しいことがある」「ここでは、自分の好きなことをして過ごせる時間がある」「困ったときには先生に聞けば教えてくれるし、助けてくれる」——そんな園生活の全体像や見通しが徐々に持てるようになると、園が子どもたちにとって安心できる自分の場となっていく。その中で、教師や友達が自分にとって好ましい存在として位置づくことが重要である。筆者は、幼児教育は「構え」を育てる営みであると考えている。「人っていいなぁ」という人に対する基本的な構えは、幼児期に育まれると言える。

　教員歴を重ね、学級経営のコツが少しつかめてきた頃には、4月当初の重要性を痛感し、学級を立ち上げる際の指導に心を砕いた。
　「みんなが楽しいと思える〇〇組にしよう。先生は、いいことはいっぱい褒めるよ。でも、友達が嫌がることをしたり、人として言ってはいけないことを言ったり、命に関わるような危ないことをしたりしたときには、誰であっても、みんなのために、絶対に許さないよ」と宣言していた。また、困ったことがあったら、必ず助けに行くことも伝えていた。
　そして、子どもたちが環境に働きかけて始めた遊びに関わって、その楽しさを共感したり、広げたりする援助について、日々子どもたちから学びながら繰り返していた。みんなが集まると楽しいことがあると体感できるよう、わらべうたや絵本、ダンスなど一斉活動で友達や教師とともに過ごすことの楽しさを積み重ねていくようにした。入園当初の宣言を日々の生活の中で確実に実践していくことで、子どもたちは私への信頼感を持つよ

うになり、学級が安心できる居場所となり、落ち着いた生活ができるようになっていった。

　園生活の中で、一人ひとりが安心して自己発揮し、同時に主体的に集団としての行動を身につけていくためには、子どもたちとの応答的なやり取りを通して、遊びや生活を導いたりデザインしたりすることが求められる。そして、集団としての約束事や秩序付けを確立していくことは、保育者としての大きな役割と言える。

　　入園当初、3歳児のC児は電車が好きで、プラレールを使って遊びたい。しかし、電車が好きな子は他にもたくさんいる。D児、E児も電車が好きである。特に入園当初、まだ遊びのレパートリーが少ない時期に、まず安心して遊べる遊具として、プラレールやミニカーなどを環境として用意したとき、その数が少なければ、電車好きの子どもどうしが、かえっておもちゃを取り合う相手になってしまうこともある。そこで、その時期には、同じ物が好きな子が隣にもいると感じられるように、魅力ある遊具を多めに用意する。
　　同じ物に興味を持って、隣で遊ぶことを繰り返すうちに、共感する場面が増え、いっしょだねと友達になっていく。園生活に慣れ、使える遊具や遊びの種類が増えてきた頃には、譲り合いができるよう遊具の数を減らしたり、自分で電車を作って遊べるように、細長い空き箱や車輪に見立てられる丸い紙やペットボトルの蓋などを、環境として用意したりする。

　安心して園生活を過ごすためには、園内の場や物を知り、使い方が分かり、身の回りのことが自分のこととしてできるようにしていくことも大事である。最初は、先生といっしょに手を添えてもらいながら、しだいに一人でできることが増えていくことで、自由を獲得し、行動範囲が広がっていく。人との関わりがポイントとなる子もいれば、物が心のよりどころとなる子どももいる。大人が通い慣れた通勤経路でルーティーンができることで、一日の行動が自然な流れになることと似ているかもしれない。

現任園では、3歳児保育が始まって間もない時期に、玄関から保育室、そこでの身支度の流れが悪く、遊び出しがスムーズにいかないことがあった。そこで、保育室内のロッカーや机、タオル掛けなどの配置を試行錯誤しながら改善し、現在では、子どもたちが無理なく仕度ができ、自然の遊びが始められるようになっており、また、子どもたちの実態に合わせて再構成もしている。

　登園後の身支度など、一連の生活行動が自然に身につくように環境構成を考え整えることも、保育者の大事な役割の一つである。

2　子どもたちの主体的な活動と教師の役割

　『幼稚園教育要領解説』第1章第1節の「5　教師の役割」の中で、「①幼児の主体的な活動と教師の役割」として次のように記されている。

　　幼稚園教育においては、幼児の主体的な活動としての遊びを中心とした教育を実践することが何よりも大切である。教師が遊びにどうかかわるのか、教師の役割の基本を理解することが必要であり、そのために教師には、幼児の主体的な遊びを生み出すために必要な教育環境を整えることが求められる。

　また、第3章の第1「第2節　一般的な留意事項」の6には、「教師は、主体的な活動を通して幼児一人一人が着実な発達を遂げていくために、幼児の活動の場面に応じて次のような様々な役割を果たさなければならない」として、以下のような役割を挙げ、詳しく解説している。

・幼児が行っている活動の理解者としての役割
・幼児との共同作業者、幼児と共鳴する者としての役割
・憧れを形成するモデルとしての役割や遊びの援助者としての役割
・幼児が精神的に安定するためのよりどころ
・実際の教師のかかわりの場面では、これらの役割が相互に関連するものであり、状況に応じた柔軟な対応をすることが大切である。

　保育者は、園での遊びや生活の中で、さまざまな形で子どもたちに影

響を与えている。

　冬になると、幼稚園ではコマを教材として提示する。子どもたちの発達に応じて、年少では手回しゴマ、年中では引きゴマ、そして年長児は投げゴマに挑戦するのが恒例となっている。私は、小さい頃、近所の友達とコマ回しをしてよく遊んだ。長く回るようにコマ自体に細工をしたり、いろいろな回し方を練習して身につけたりして、さまざまに工夫して楽しんだ思い出がある。園でコマ回しが流行する頃、特に年長児の遊びの中に分け入って、綱渡りや手乗せなどの難しい技を披露する。年少や年中児は、年長児が常に憧れの存在となるが、年長児にとっては、目標となる存在が身近にいないと遊びも生活も発展しにくいものである。そこで、園長である今でも、冬のコマ回しの時期には折に触れて、憧れを形成するモデルとしての役割を意識して関わっていく。

　しかし、回したくても回せないで意欲がしぼんでいる子には、「先生も最初は全然できなかったんだよ。ひもがうまく巻けるようになれば、あとはそんなに難しくないから、いっしょにやってみよう」と、子どもの後ろから手を添えて、ひもを巻き、投げ方を教えることもする。「途中までいっしょにやってみるから、最後のところは、自分でやってごらん」と、少しずつ援助の手を引いていく。そして、回ったときは、周囲の子どもたちも巻き込みながら、その喜びを共感していくようにしている。

　保育者の援助は、常に状況との関連で判断していくものであり、複雑であり、非常に難しい。初めから用意された正解などない。教師としての意図やねらいはしっかりと持ちながら、子どもたちの育ちを願って関わり、そこで応答的なやり取りをしていく。そこで、子どもたちの発想に驚かされ、なるほどとうならされる発言に舌を巻き、保育という営みのおもしろさや奥深さを感じることになる。

3 保育者どうしの協力体制と保護者や地域とのつながり

　現任園は、チームとしての協力体制がしっかりしていることが自慢の一つである。筆者は担任時代から、「子どもたちを育てることに関して、

幼稚園でできること、担任にできることには限りがある」といつも話していた。園全体の協力体制や保護者や地域との関わりなくして、保育は成り立たないのである。

　副園長時代、園内の自然環境の整備を、子どもたちといっしょにしていた。しかし、範囲が広いこともあり、下草刈りや花植えなどの際に、保護者の参加者を募り、子どもたちの育つ環境づくりを園と保護者とでいっしょに進めていくようにしていった。併設の小学生との交流活動にも、花や野菜の土づくりや世話を取り入れていった。幼稚園や学級だけで保育するという閉ざされた発想では、限られた経験しかできない。しかし、発想を広げ、このような実践を積み重ねていくことで多様な関わりが生まれ、学級の中での友達関係に変化が生まれたり、一つの交流活動から次の新たな活動が生まれたりして、子どもたちも教師も、そして保護者も、豊かな経験をすることができた。

　現任園では、近隣の道路の歩道の植え込みに花を植える「桂坂を花いっぱいにする活動」という地域のボランティア活動に、園児と保護者といっしょに参加している。地域の小学生や関係団体の人々と交流する機会ともなっている。道行く人たちが、きれいな花を見て笑顔になれるように、幼児なりに社会貢献する機会となっていることを感謝している。

第2節　保育者の倫理

1　保育士の倫理

　保育者は、子どもたちの育ちに直接関わる存在である。現在だけでなく、その子のその後の人に対する構えを左右する大きな影響力を持つ。しかも保育者は、空気や水のように当たり前のように子どもたちの周囲にある存在であるがゆえに、豊かな人間性と同時に、厳しい節度と倫理観が求められる。保育士については、全国保育士会では、次ページのよ

全国保育士会倫理綱領

　すべての子どもは、豊かな愛情のなかで心身ともに健やかに育てられ、自ら伸びていく無限の可能性を持っています。
　私たちは、子どもが現在（いま）を幸せに生活し、未来（あす）を生きる力を育てる保育の仕事に誇りと責任をもって、自らの人間性と専門性の向上に努め、一人ひとりの子どもを心から尊重し、次のことを行います。
　　私たちは、子どもの育ちを支えます。
　　私たちは、保護者の子育てを支えます。
　　私たちは、子どもと子育てにやさしい社会をつくります。

（子どもの最善の利益の尊重）
1．私たちは、一人ひとりの子どもの最善の利益を第一に考え、保育を通してその福祉を積極的に増進するよう努めます。

（子どもの発達保障）
2．私たちは、養護と教育が一体となった保育を通して、一人ひとりの子どもが心身ともに健康、安全で情緒の安定した生活ができる環境を用意し、生きる喜びと力を育むことを基本として、その健やかな育ちを支えます。

（保護者との協力）
3．私たちは、子どもと保護者のおかれた状況や意向を受けとめ、保護者とより良い協力関係を築きながら、子どもの育ちや子育てを支えます。

（プライバシーの保護）
4．私たちは、一人ひとりのプライバシーを保護するため、保育を通して知り得た個人の情報や秘密を守ります。

（チームワークと自己評価）
5．私たちは、職場におけるチームワークや、関係する他の専門機関との連携を大切にします。
　また、自らの行う保育について、常に子どもの視点に立って自己評価を行い、保育の質の向上を図ります。

（利用者の代弁）
6．私たちは、日々の保育や子育て支援の活動を通して子どものニーズを受けとめ、子どもの立場に立ってそれを代弁します。
　また、子育てをしているすべての保護者のニーズを受けとめ、それを代弁していくことも重要な役割と考え、行動します。

（地域の子育て支援）
7．私たちは、地域の人々や関係機関とともに子育てを支援し、そのネットワークにより、地域で子どもを育てる環境づくりに努めます。

（専門職としての責務）
8．私たちは、研修や自己研鑽を通して、常に自らの人間性と専門性の向上に努め、専門職としての責務を果たします。

社会福祉法人　全国社会福祉協議会
全国保育協議会
全国保育士会

うな保育士のための倫理綱領を定めている。

2 教育公務員としての倫理

　幼稚園教育要領には、倫理という表現は使われていない。しかし、幼稚園のうち、例えば、東京都の公立幼稚園の教員は地方公務員であり、教育公務員である。したがって、下記の地方公務員法にのっとって職務を遂行している。「第6節　服務」では、次のように職員の行動規範について示されている。服務の根本基準や守秘義務など、前述の保育士の倫理綱領と重なる部分も多い。

地方公務員法
第6節　服務
（服務の根本基準）
第30条　すべて職員は、全体の奉仕者として公共の利益のために勤務し、且つ、職務の遂行に当つては、全力を挙げてこれに専念しなければならない。
（服務の宣誓）
第31条　職員は、条例の定めるところにより、服務の宣誓をしなければならない。
（法令等及び上司の職務上の命令に従う義務）
第32条　職員は、その職務を遂行するに当つて、法令、条例、地方公共団体の規則及び地方公共団体の機関の定める規程に従い、且つ、上司の職務上の命令に忠実に従わなければならない。
（信用失墜行為の禁止）
第33条　職員は、その職の信用を傷つけ、又は職員の職全体の不名誉となるような行為をしてはならない。
（秘密を守る義務）
第34条　職員は、職務上知り得た秘密を漏らしてはならない。その職を退いた後も、また、同様とする。
　2　法令による証人、鑑定人等となり、職務上の秘密に属する事項を発表する場合においては、任命権者（退職者については、その退職した職

又はこれに相当する職に係る任命権者）の許可を受けなければならない。
　3　前項の許可は、法律に特別の定がある場合を除く外、拒むことができない。
（職務に専念する義務）
第35条　職員は、法律又は条例に特別の定がある場合を除く外、その勤務時間及び職務上の注意力のすべてをその職責遂行のために用い、当該地方公共団体がなすべき責を有する職務にのみ従事しなければならない。

3　教師は教育者であると同時に研究者である

　学生時代、恩師に言われ、今も心に残っている言葉がある。「教師は自らのコップに、常に新鮮な水を注ぎ続けなければならない。その努力を怠ったならば、子どもたちに与える水はコップの底に残った古い水になってしまう」。つまり「学び続ける教師たれ」ということである。

　そして、教師は教育者、実践者であると同時に、研究者でもなければならない。幼児理解、指導方法、教材開発など常に新しい水を自らのコップに注ぎ続け、教師として人としても向上心を持ち続けたい。教育公務員特例法では、教員の研修について定めている。保育士にもこのような規定が適用され、研修権が保障されることを期待する。

教育公務員特例法
第1章　総則
（この法律の趣旨）
第1条　この法律は、教育を通じて国民全体に奉仕する教育公務員の職務とその責任の特殊性に基づき、教育公務員の任免、給与、分限、懲戒、服務及び研修等について規定する。
第4章　研修
（研修）
第21条　教育公務員は、その職責を遂行するために、絶えず研究と修養に努めなければならない。
　2　教育公務員の任命権者は、教育公務員の研修について、それに要する

施設、研修を奨励するための方途その他研修に関する計画を樹立し、その実施に努めなければならない。

【引用・参考文献】
榎沢良彦・上垣内伸子編著『保育者論――共生へのまなざし〔第3版〕』同文書院、2014年
柏女霊峰監修、全国保育士会編『全国保育士倫理綱領ガイドブック〔改訂版〕』全国社会福祉協議会、2009年
加藤繁美『子どもの自分づくりと保育の構造――続・保育実践の教育学』(新保育論2) ひとなる書房、1997年
倉橋惣三『育ての心 (上) (下)』フレーベル館、2008年
文部科学省『幼稚園教育要領解説』フレーベル館、2008年

(新山裕之)

第4章　保育者の歴史

第1節　外国の保育者

1　コメニウス

(1)『大教授学』——公教育制度構想

　コメニウス（Comenius, Johann Amos 1592～1670）は、ボヘミア（現在のチェコ）生まれで、「近代教育学の父」と呼ばれている。言語主義的な教授方法を批判し、直観的な教育の重要性や幼児の発達段階に応じて学習の難易度を変化させていくという教育方法を『大教授学（Didactica Magna）』（1657年）において主張している。**図表1**に示したとおり、誕生から6歳頃までの教育を「母親学校」と称し、基本的に母親が教師であり、母の膝の上が学校と位置づけることにより、家庭における乳幼児保育の必要性が示されている。そして、少年期は「母国語学校」、若年期は「ラテン語学校」などといったように、子どもの成長・発達に応じて学校の種類や学習内容を変えたり、難易度などを段階的に上げたりする

図表1　コメニウスの教育制度構想

発達段階	発達に応じた学校種
幼年期　（0～ 6歳）	母親学校
少年期　（7～12歳）	母国語学校
若年期（13～18歳）	ラテン語学校
青年期（19～24歳）	大　学

出典：［神田、2015］を基に筆者作成

ことの重要性を主張した。

徹底的に自然主義を主張し、万人に共通の教育の主張とそのための教育改革を提唱した、教育史上最初の体系的な教育学の著書である。特に、単線型学校制度や一斉教授方式などの教育原則は、今日の教育体制の先駆的な構想であったと考えられる。

(2)『世界図絵』

コメニウスは言葉や抽象的な概念よりも直接的な感覚による教授(直観的教授)を重要視し、1658年に『世界図絵(Orbis Sensualium Pictus)』を著した。これは、幼児を対象とした世界初の絵入りの教科書(辞典)であり、植物や動物、宗教や人間の活動などがイラスト付きで約150もの章に分かれて描かれている。学習における視覚的な教育方法として先駆的な取り組みであるだけでなく、保育現場での絵本の活用など、現在においても多大な影響を及ぼしている。

2 ルソー

(1)『エミール』と「子どもの発見者」

ルソー(Rousseau, Jean-Jacques 1712〜1778)は、『社会契約論』(1762年)や『人間不平等起源論』(1755年)などを著し、フランス社会に大きな影響を与えた啓蒙思想家・教育思想家である。そして、自身の子ども観、教育観を教育小説『エミール』(1762年)において展開した。『エミール』の中では、伝統的な大人中心の子ども観から脱却し、子どもは子ども独自の世界があり、そこから子どもを捉えることが教育の出発点であると主張している。具体的な内容としては、主人公エミールが誕生してから成人するまでの成長の様子を記したものであり、出版と同時に大きな反響があった。

それまで、子どもは未熟で無能な「小さい大人」とみなされていたが、『エミール』の中では、子どもには独特の視点や考え方・感じ方があることを指摘したことで、「子どもの発見者」といわれている。

(2) 性善説と消極教育論

『エミール』の中に、「万物をつくる者の手をはなれるときすべてはよいものであるが、人間の手にうつるとすべてが悪くなる」[ルソー、1974] という記述がある。これは、子どもが本来有している善性を信じ、自然な状態のまま伸ばしていくことの重要性が説かれている。生まれた状態では全ての子どもは善である（性善説）にもかかわらず、大人が人為的・干渉的に教育しようとすると、その善性は失われてしまうということを指摘し、初期の教育や大人の働きかけは、子どもの本性（興味や関心など）に従って、消極的な姿勢で臨むべきであると主張した。子ども自身の育とうとする力や姿勢を促進するものであり、「消極教育論」とも呼ばれる。

3　ペスタロッチー

(1) 『隠者の夕暮れ』——貧民への教育、保育

ペスタロッチー (Pestalozzi, Johann Heinrich 1746～1827) はスイスのチューリッヒに生まれ、18世紀から19世紀にかけて活躍した教育実践家である。彼が生きた時代は、封建社会から近代社会への移行期と重なっており、社会的には外国からの内政干渉、経済的には多くの労働者が農業から都市部へ移動し、貧民や浮浪児・孤児たちが数多く生まれることとなった。著書『隠者の夕暮れ』(1780年) において、教育は人の身分や地位、立場にかかわらず提供されるべきものであると主張し、「民衆教育の父」と呼ばれている。ペスタロッチー自身としては、特に家庭環境に恵まれない子どもたちを対象として孤児院や貧民学校を作り、教育を実践した。

(2) 基礎陶冶、直観教授

ペスタロッチーは教育の理念の一つとして、3Hと呼ばれる「頭（Head＝知力）、心（Heart＝心情）、手（Hand＝技術）」を重視していた。これらの3要素が調和的に発達していくことと、そのために家庭生活や家庭での教育などが重要であると説き、「生活が陶冶する」と述べながら、家

庭教育の意義を「居間の教育学」として見いだした。また、教育は詰め込み型の知識注入主義的な教育ではなく、子どもの自発性や積極性などの原理を強調し、実物を見て、触れて、聞いてなどの直接的な経験や子どもの直観から学習活動を展開しようとした。

4 フレーベル

(1) 世界初の幼稚園——Kindergarten

フレーベル (Fröbel, Friedrich Wilhelm August 1782~1852) は世界で初めて幼稚園を作ったことと、世界の幼児教育への多大な影響を有していたことから、「幼児教育の祖」と呼ばれている。1837年に「一般ドイツ幼稚園 (Der Allgemeine Deutsche Kindergarten)」を設立し、遊びは「幼児期の生活にとって最高の段階」と捉えたうえで、フレーベル自身が開発した教育玩具である恩物（Gabe）を活用することで幼児教育の実践をした。恩物は球や積み木、立方体、棒や輪などさまざまな種類があり、「神からの贈り物、賜り物」という意味がこめられている。子どもたちが園庭や花壇などの自然環境や恩物で自由に遊ぶことを通して、子どもたちの旺盛な知的・衝動活動を促し、幼児教育における遊びの重要性に着目した最初の人物でもある。

(2) 万物は神性を持つ——万有（内）在神論

フレーベルの考え方を端的に表現する言葉として、「万物は神性を持つ」というのがある。これはフレーベルの1826年の著書『人間の教育』の中で展開されている考え方であり、教育・保育の根底には宗教的思想がある。これは森羅万象の中に神性が内在しているという思想＝「万有（内）在神論」であり、それは人についても同様で、幼児期の子どもは特にその神性が活発に働きかけている時期であるため、子どもは活発に活動するのだと考えられている。そしてその神性によって、子どもが「内なるものを外部に」自発的に表現するようになり、「外なるものを内部に」取り入れて有機的に、連続的に発達していくのである。これらの発

達を効果的に促進するための手段の一つとして、上述した恩物を活用することで、子どもたちの遊びや創作活動を展開した。

第2節 日本の保育者

1 倉橋惣三

(1) 東京女子師範学校附属幼稚園の教育

　倉橋惣三（1882～1955）は東京女子師範学校（現：お茶の水女子大学）教授兼附属幼稚園（1876年開設、日本初の幼稚園）の主事として勤務し、主に大正・昭和初期に活躍した。後の日本の幼児教育分野に対して大きな功績を残した人物である。主な著書に『幼稚園保育法真諦』（1934年）や『育ての心』（1936年）があり、それらの中で児童中心主義的な保育思想や保育理論を展開した。当時の東京女子師範学校附属幼稚園では、3歳から6歳までの幼児を対象としていることや、保育時間が4時間であることなど、現代の幼稚園教育と類似する点もある。しかし、富裕層の子女が多く通う園であり、一般庶民にとっては縁遠い存在でもあった。

　幼稚園の教育に関しては、主に恩物を使った幼児教育が実施されていたが、その使用方法は形式的で、保育者の指示に従って恩物の操作を行うという一斉的・画一的な活動が展開されていた。1900年代初頭に、東基吉（1872～1958）や和田実（1876～1954）らがこのような形式的な保育のあり方を批判し、幼児の自己活動による遊戯や幼児の遊びや生活を「誘導」という考え方で捉え直そうとする動きが見られた。倉橋も同様に、そのような活動は子ども本来の姿や本来の遊びではないと批判することで、恩物中心主義的な幼児教育の改善を促し、後の「誘導保育論」へとつながっていく。

(2) 誘導保育論──「さながらの生活」

　倉橋が自身の保育理論の中心に位置づけたことは「誘導保育論」という考え方である。これは、保育の中でなによりも子どものありのままの生活（「さながらの生活」）を大切にし、子ども自身の生活の満足や充実感、自己実現を支援する保育のあり方を指している。そして、子どもの生活が出発点であり、園での生活やさまざまな活動を通して、より高次な生活へとつなげ、誘導していこうとするこの考え方は、「生活を、生活で、生活へ」という言葉で示されている。「誘導保育論」や子どもの生活がなによりも重要であるという倉橋の思想や保育、幼児教育に関する方法などは、現代保育においても目指すべき一つのあり方として継承されている。

2　赤沢鍾美

(1) 新潟静修学校附設託児所

　日本の託児施設は、主に社会事業というより、個人の奉仕活動的な側面から始まったとされている。日本における最初の常設の託児施設は1890年、赤沢鍾美（あつとみ）（1864～1937）・ナカ（仲子）夫妻が開設した新潟静修学校附設託児所である。それ以前にも、渡辺嘉重（1858～1937）が1883年に茨城県で開設した「子守学校」も存在するが、これは年長者が交代で子守をしたり授業を受けたりするものであり、専門的な職員が子どもの保育、幼児教育をするというものではなかった。

　新潟静修学校は、赤沢家が代々経営していた私塾であり、赤沢自身も小学校教諭を退職した後に新潟静修学校に専念した。ここには社会経済的に厳しい環境にいる子どもたちが多く通っており、その中には弟や妹を背負ってくる子どもも多くいた。その姿を見て赤沢は、通常教室とは異なる場で就学前の年齢の子どもたちの世話を妻のナカに任せたところ、評判となり、多くの保護者が乳幼児の託児を希望するようになった。

(2) 附設託児所から「守孤扶独幼稚児保護会」へ

　附設託児所が保護者から支持を得ることとなった契機は、1872年の「学制」だと考えられる。学制が公布されたことにより、学齢期の子どもは就学が求められ、家庭内の労働力が減少するだけでなく、乳幼児を世話する人手も同時に失うこととなる。このような状況の中で、子どもが乳幼児を連れて学校へ行き、年長者が学習をしている時間帯に、大人が乳幼児の世話をするという新潟静修学校附設託児所の実践は、地域住民の保育ニーズに対応する実践であった。結果として、塾生以外からも託児の申し出が殺到することとなっていった。

　保育ニーズに対応する形で、附設託児所の実践は広がりを見せながら、赤沢は1908年に附設託児所という形態から独立させ、「守孤扶独幼稚児保護会」に改称した。私財の多くを投じて保育者の雇用や乳幼児保育のための環境整備、無料開放などを実践し、夫妻の慈善的な取り組みは、地域住民のニーズに対応する形で大きく発展していった。

3　野口幽香

(1) 貧民幼稚園としての二葉幼稚園

　1900年に野口幽香(ゆか)（1866〜1950）が森嶋峰（美根）（1868〜1936）とともに、東京麹町の古家を借りて主に貧困家庭の幼児を善意で預かったところから始まったのが二葉幼稚園である。名称としては「幼稚園」であるものの、保育や養護の側面が強く、性格・機能としては「保育所」に近い。2人は華族女学院附属幼稚園（現：学習院幼稚部）の保姆として勤務していたが、貧困家庭の子どもたちが遊ぶ姿を見て、勤務する附属幼稚園の子どもと眼前にいる子どもとの落差に驚き、「ここにこそフレーベルの精神を生かした幼稚園が必要ではないか」と痛感したことが創設の理由であったとされている。二葉幼稚園の保育は、裕福な環境にいる子どもたちが受ける形式的な幼児教育とは異なり、遊戯（遊び）を中心として展開された。また、保育時間は7時間から8時間程度であり、日曜日と

祝日、年末年始の12日間以外の休業はなく、保育料も1日1銭徴収していた（ただし、後に徴収しなくなる）［髙月、2015］。

　二葉幼稚園の取り組みは多くの慈善家などの賛同を得るとともに、入園希望者も増えていった。明治末期になると、貧民救済・防貧事業関連政策により、託児所的性格を持つ施設と幼児教育を目的とする幼稚園とは別の体系に位置づけられることで、1915年に二葉保育園と改称した。

(2) 保護者への関わり

　二葉幼稚園（保育園）の実践の中で大きな特徴として挙げられるのは、先に述べた貧民を対象とした施設であることと、保護者への関わりを積極的に行ったところである。保護者に対してなぜ将来を見据えた幼児教育が必要なのかを説明し、保護者や子どもの状況によっては夜まで子どもを預かったり、保護者の会への出席を義務づけたり、または園の管理下で貯金をさせたり、現在の子育て支援、延長・夜間保育、保育相談などと類似するような実践があった。

　二葉幼稚園（保育園）は、子どもたちだけでなく、働きながらも厳しい環境にいる保護者に対しても支援を行う、いわゆる母子福祉の先駆的な取り組みを行っていた。

【引用・参考文献】

海津淳「コメニウス教育思想の歴史的・宗教的背景――『大教授学』にみる歴史的背景に関する詩論」『国際経営・文化研究』Vol.18、No.2、2014年、pp.45-48

神田伸生「保育の意義、歴史、思想」関口はつ江編『保育の基礎を培う保育原理』萌文書林、2015年、pp.17-89

コメニウス，J. A.（鈴木秀男訳）『大教授学』明治図書、1962年

髙月教惠「子どもの育ちと学びの連続性を考える」『福山市立大学教育学部研究紀要』Vol.3、2015年、pp.57-65

菱田隆昭編『幼児教育の原理〔第2版〕』(新時代の保育双書) みらい、2009年
フレーベル, F. W. A.（岩崎次男訳『人間の教育1・2』明治図書、1972年
ペスタロッチー, J. H.（長田新訳）『隠者の夕暮・シュタンツだより』岩波文庫、1982年
ルソー, J.-J.（今野一雄訳）『エミール（上・中・下）』岩波文庫、1974年

（寶來敬章）

第5章　保育者の資質

第1節　保育者に必要な資質とは

1　子どもを理解する力

　保育者にとって大切な資質とは何か。河邉貴子（1957～）は保育者の資質について、**図表1**のようにまとめている。本節では、この4つの視点から述べていくことにする。

　まず第一に、保育者の仕事は主に、子どもと関わることである。つまり、その対象である子どもについてしっかりと理解しておくことが重要である。子ども理解については、2つの側面があると捉えることができる。1つ目は子どもを「知る」ということ、2つ目は子どもを「分かる」ということである。子どもを「知る」とは、その言葉どおり、子どものいろいろな情報を知ることを指す。例えばその子どもの性別、月齢、きょうだい関係、家庭環境、身長や体重、運動能力などを把握すること

図表1　保育者の資質

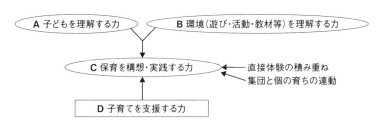

出典：[河邉、2009] を基に作成

例えば〈事例1〉のような子どもの姿があったとき、あなたならどのように子どもを理解するだろうか。

〈事例1〉
　今日の2歳児のおやつはビスケットとミルクである。一口食べたAちゃんが、ビスケットのお皿に牛乳を入れている。それを見たS保育者は、「Aちゃん、これ（ビスケット）は食べるものだよ！ 遊ばないよ。ちゃんと食べようね」という。Aちゃんは保育者の問には答えず、S保育者が他児に関わっている間に、さらにビスケットの皿に牛乳を入れ、ミルクに浸ったビスケットを触っている。

　食事やおやつは、「栄養の摂取」の他にも「マナー」を教える時間としてのねらいもあり、「遊び」とは区別されて捉えられることが多い。この時のAちゃんの行動も、S保育者には「きちんと食べない」「食べ遊びしている」という姿に映ったのであろう。しかし、在園児が帰って保育日誌を書いていたS保育者は、前日のおやつの時間のAちゃんの姿を思い出した。それは、お茶が入ったコップの中に、偶然せんべいが入ってしまう、という出来事であった。お茶がせんべいに染み込んでいく様子を見たAちゃんは、「すごい！おせんべいお茶飲んだよ！」と大きく目を見開いてS保育者に報告したのである。S保育者は「Aちゃんはミルクとビスケットでも同じことが起こるのかを試したのかもしれない」と思い直した。

　保育は日常生活の連続の中で行われる。目の前にいる子どもが今、何を考えているのか？　それは、直前に、どのような遊びや体験をしたのか、友達とどのような関係にあるのか（いさかいやけんかが起こっていないか）、家庭がどのような状態なのか（例えば母親が風邪をひいているなど）、などと大きく関係する。それは、大人なら見逃してしまいそうな小さな出来事かもしれないし、大人なら当然と考えるような小さな発見かもしれない。しかし、子どもにとってはとても大きな出来事である可能性が高いのである。よって、大人の感覚で判断してはならない。上記

の〈事例1〉でたとえるならば、「ビスケットがミルクを飲むかどうかを実験しているAちゃん」を理解したうえで関わりを持たなければならなかったのである。そのような子ども一人ひとりの小さな出来事を常に敏感に感じ取り、今ある子どもの現状を理解していく力が、保育者には必要なのである。

第2節　生活や遊びを通しての総合的な指導

1　子どもの自主性と「生活や遊びを通しての総合的な指導」

「遊び」の意義とは何であろうか。一般的に遊びは、社会性（Social Development）、身体能力（Physical Development）、知的能力（Intellectual Development）、創造性（Creativity Development）、そして情緒の発達（Emotional Development）を促すと言われている。遊びに対するこれまでの理論を見てみると、余剰エネルギー説や休養説などさまざまな考えがあったが、現代では、「行為者が対象に働きかけた結果、対象の側に何らかの変化が生み出されたときに得られる効力感が遊びを動機づける、主体的なものである」［小田・山崎、2013］という考え方が一般的であり、遊ぶことによって、自己肯定感や充実感が得られるとされている。

このような考えの下、2008年には現在の幼稚園教育要領や保育所保育指針、そして2014年度からは認定こども園教育・保育要領において、「生活や遊びを通しての総合的な指導」を行う必要性が打ち出された。そして、遊びのねらいや意義は、以下のように説明されたのである。

①遊びは、遊ぶこと自体が目的である。夢中になって遊ぶことにより充実感を味わうことができる（遊びの充実）。

②遊びは、思考力、想像力、友達と協力することや環境への関わりなどを体験するなど、さまざまな要素が含まれる（遊びの多様性）。

第2節 保育者の姿勢

1 個性ある保育者になろう

　皆さんは、自分の幼少期に出会った保育者を覚えているだろうか。ピアノがとても上手だった先生、いつもニコニコ笑顔が印象的だった先生、などの記憶があるかもしれない。中には、その保育者との出会いが影響して、保育職を目指している人もいるであろう。それぞれの思い出の保育者を挙げてみると、実にさまざまな個性があったのではないだろうか。
　つまり、保育者はいろいろな個性を発揮していい存在である、ということである。運動が得意であれば、保育において存分に身体を動かして発揮すればよい。音楽が好きであれば、保育に音楽を取り入れ展開することもよいし、造形活動に自信があるのであれば、子どもたちとともに、もの作りに存分打ち込むことを積極的に行えばよいだろう。
　決まりきったルールや、こうしなければいけないという保育者像に固まるよりも、自分らしいありのままを表現できる保育者であることのほうが望ましい。自分自身の個性を把握しつつ、いかに等身大の保育ができるかを考えたい。

2 子どもと同じ目線になろう

　子どもたちといっしょに遊んだり会話をしたりする際には、保育者の立ち位置や姿勢も重要である。4歳児の平均身長が100cm程度であることからも明らかなように、大人と子どもでは全く見えている世界が違う。だからこそ保育者は、「しゃがむこと」を頻繁に行う必要がある。しゃがむという行為は、ともすると大変であり、おっくうになりがちな動作かもしれないが、子どもと同じものを見るためには、保育者がしゃがみ、子どもが見ている世界と同じものを見つめようとすることを怠ってはい

けない。

　また目線だけではない。子どもが発見することや驚くことに共感することも重要である。大人からすると「そんなことか」と思うようなことがあったとしても、子どもにとっては大発見であることも大いにあり得る。倉橋惣三（1882〜1955）は『育ての心』の中で「おや、この子に、こんな力が。…あっ、あの子にそんな力が。…驚く人であることに於いて、教育者は詩人と同じだ。驚く心が失せた時、詩も教育も、形だけが美しい殻(から)になる」と語っている。教育者であれ保育者であれ、「驚く心」を持っていたいものである。

3　瞬間を逃さないようにしよう

　移り行く季節があるのと同じように、保育もまたその時々で異なる顔を見せる。昨日の子どもと、今日の子ども。同じ子どもであっても、そこにはそれぞれ違う感情が芽生え、違う一日があり、違う環境が存在する。だからこそ、今日という二度と訪れない日々の瞬間瞬間を大切にしたい。

　ハイハイをしていた子が初めて何も持たないで立てた時、子どもの「先生、遊ぼう」という誘いの声、「見て！」と何かを発見したときの子どもの表情……。その瞬間にしか捉えられない子どもの姿がある。逃してしまうと二度と訪れないかもしれない。だからこそ、その瞬間を逃さないようにしたい。常に意識を向け、その日その時にしかない瞬間を子どもと味わう意識を持つことが大切である。

4　夢中になろう

　保育者は保育を行う者であるが、一人の「人」でもある。何も食べていなければ空腹を感じるし、おもしろい光景を見れば笑い出したくなる。こうしたすなおに沸き起こる感情こそ、押し殺さずに大切にしたいものである。

例えば、砂場での遊びを想像してみよう。保育者が砂場の外から、「楽しいから遊びなさい」と言葉を掛けるだけだと、子どもはどう反応するだろうか。もちろん、その言葉掛けで遊び出せる子もいるかもしれないが、遊びの楽しさそのものを共感する姿勢とは言い難い。

保育者が子どもの前で砂を触り、ときにはスコップなどの遊具を使って山を作ったりする。こうした保育者自身が遊びに向かう姿勢が、子どもの内なる好奇心や探究心を刺激するものである。夢中になりすぎて周りが見えなくなる、という極端な例を除いては、保育者も遊びに夢中になれたほうが断然良いのではないだろうか。

第3節 楽しめる保育者として

1 保育における遊びについて

子どもにとって、遊びはとても重要である。遊びというと、ただ単に遊んでいるだけというイメージがあるかもしれないが、乳幼児期の子どもにとっては遊びが生活の中心であり、学びでもある。遊びを通して、ものとの関わりや人との関わりを育み、それが生きる力につながっていくと言える。遊びと生活が非常に密接な関係にあるのである。

そのうえで、子ども自身が主体的に自ら楽しんですることにこそ大きな意味と可能性があることを忘れてはいけない。させられてすることと、自ら進んですることでは、それに向かう気持ちや学ぶ姿勢が違うのである。子どもの生活の中心である遊びは、自由かつ主体的でないとならない。

ただ、全てにおいて自由というわけにもいかないことも、遊びを通して知ることとなる。使いたいおもちゃが誰かに使われている、などの不自由さも出てくる。遊びたい気持ちのときに片づけの声を掛けられるこ

ともあるが、こうした実体験を繰り返していくことが成長につながるということを押さえておきたい。

2 保育者が遊びを楽しむ視点

子どもの遊びにおいては、友達と関わるおもしろさが出てくることも特徴的である。初めは保育者の援助で、友達といっしょに遊ぶ楽しさに気づいていけるようになり、徐々に、友達と同じことをやってみたいという気持ちなどが芽生え始める。保育者はそれを援助する関わりをすることが大切になる。そのためには、その遊びのおもしろさを保育者自身が知ることや、その遊びの発展を見通す、といった視点を大事にしたい。

3 保育を楽しめる保育者として

子どもと関われる魅力的な職業とはいえ、現実は華やかさだけで語れないことも多くある。保育をする日々の活動がノルマのようになったり、行事に追われる活動の繰り返しだったり、また身体を酷使する激務に疲れてしまったりと、苦労も多い。また、思い描いているとおりの保育にならないいらだちが募ることもある。

それでも忘れてはいけないのは、保育者自身が保育を楽しむ、という気持ちである。遊びに楽しさがあるかどうかを考える過程において、保育者が楽しいと思えるものでなければ、保育がつまらないものになりかねない。

笑顔があふれる園生活と、そうでない園生活とではどうだろうか。保育者も子どもも、充実感や生きがい、そして楽しさを感じる保育になるようにしたいものである。

第4節　環境としての保育者

1　人的環境としての保育者の役割

　園においての人的環境とは何であろうか。まずは、保育者がそれに当たる。子どもの成長にとって、家族以外の人と接する機会は、心身の発達においてとても重要な役割を果たす。そういう意味でも保育者は、人的環境の大きな要になると言える。ハイハイやつかまり立ちを覚えた乳児にとって、自分の周りは目新しい興味をひくものでいっぱいである。そこに保育者という環境の支えがあって、安心して探索し、関わっていこうとする社会的参照行動をとる。

　また保育者という人的環境は、これからのその子の人生に影響を及ぼす、子どもにとってのモデルとなっている場合がある（人的環境になるということは、モデルとなることだけではなく、前節で述べたとおり、子どもと同じ目線に立ったり、子どもと同じように遊んだりすることも含まれている）。環境の一部であることを自覚し、子どもの思いに共感し理解する姿勢こそが保育者の人的環境としての考え方だ、ということに意識を持ちたい。

　また人的環境としては、保育者などの大人だけを指しているのではなく、そこで生活する子どもたちどうしの関わり、つまり友達の存在も大きい。特に幼児は、友達といっしょならやってみたい、など他者と関わりながら生活をする。もちろん、関わりを持てばトラブルや衝突が生じることがある。保育者にとっては、トラブルや衝突は避けたいという思いが働くかもしれないが、しかしこうした衝突の経験こそが重要である。現実の生活場面は、少なくとも他者と関わりながら生活をする。譲り合いやルール、我慢や折り合いをつけるすべなどを学んでいくことが、これからの生きる力となっていくことは明白である。

2　心のよりどころとなる存在として

　子どもにとって、保育者はどのような存在であればよいのか。まず、どんなことがあっても子どもを「守る」ことが必要である。少なくとも、子どもが命の危険にさらされるようなことがあってはならない。子どもの命を預かっているという責務が大前提であることを忘れず、安心感を与える存在であるべきである。

　また、保育者自身がどのような保育をしたいか、という志やビジョンを持つことは重要ではあるが、それが中心的な考え方になることは、ともすると子どもの姿を見えなくしてしまう危険性がある。保育はあくまでも、子どもの心情・意欲・態度を育む情意的目標の達成を目指していることを忘れず、子どもの立場になってしっかり考え、そのうえで子どもにとっての「心のよりどころとなる存在」であることを大切にしたい。保育者とは、子どもがホッとできる安全基地といった存在でありたいものである。

【引用・参考文献】

榎田二三子・大沼良子・増田時枝編著『改訂保育者論』建帛社、2011年

小田豊『子どもの心をつかむ保育者』ひかりのくに、2001年

河邉貴子『遊びを中心とした保育』萌文書林、2009年

汐見稔幸・大豆生田啓友編『保育者論』ミネルヴァ書房、2010年

瀧川光治・小栗正裕編著『改編・保育の考え方と実践』久美出版、2012年

内閣府・文部科学省・厚生労働省『幼保連携型認定こども園教育・保育要領　幼稚園教育要領　保育所保育指針＜原本＞』チャイルド本社、2014年

　　　　　　　　　　　　　　　　　　　　　　　　　　（東城大輔）

第6章　保育者の専門性

第1節　保育者の専門性とは何か

1　保育者の専門性の要素

　近年、保育者の「質の低下」が叫ばれている。この「保育者の質」は専門性と大きく関連する。保育者の専門性を高めることが、「保育者の質」を高めることにつながるからである。それでは、保育者の専門性とはどのようなことを指すのだろうか。

　保育者とは一般に、乳幼児期の子どもの養護教育に携わるスペシャリスト（幼稚園教諭・保育士・認定こども園保育教諭）を指す（中・高校生を対象にした児童福祉施設などで働く者を除く）。このようなスペシャリストとして最も求められていることは、「乳幼児期の子どもに最善の成長発達を促すことができる者」と言えるだろう。そのためには、成長・発達を促すための内容や方法を知っていなければならない。もちろん、このほかにも「倫理観を持つ」「他の保育者や保護者などと協働的に職務を行うことができる」など、保育者の専門性として必要な要素は数多くある。また、2015年から施行されている「子ども子育て支援新制度」では、「保護者に対する支援」も重要視されている。ただし、これらの事柄については他章で学びを深めていただくこととし、本章では、「直接"子ども"に関わる保育者としての専門性」のあり方について考えていくこととする。

2　個々の特性に応じた子ども理解

　保育の基本は、「子ども理解」に始まり「子ども理解」に終わると言われている。この「子ども理解」のあり方には大別して、2つある。
　第1は、「大まかな人間成長の道筋」を知っていることである。人間は、何もできない状態で生まれてくる。これは、ポルトマン（Portmann, Adolf 1897～1982）が言う「生理的早産」の状態である。しかし、その後、乳児はめざましく成長していく。多少の早い遅いはあるものの、周囲の大人の愛情に支えられ、同じような筋道をたどって発達していくのである。皆さんも、「はう→座る→歩く」といった身体的能力の発達や、「喃語→一語文→二語文」のような言葉の発達を考えれば想像できるだろう。保育者は、このような客観的なデータを理解しておくことが必要となる。なぜならば、身体面の発達過程や心の発達過程は、基本的生活習慣の自立や人間関係の構築と大きく関わる事柄であり、保育者はそれに応じた環境構成や援助を行わなければならないからである。
　しかし、子どもの発達は、このような客観的なデータだけで判断できるものではない。発達の速度は個人差が大きく、環境にも左右される。よって、「個々や特性に応じた子ども理解を行う」ことが必要となる。これが2つ目の「子ども理解」である。つまり、今、目の前にいる子どもがどのような援助や支援を必要としているのか、それを正しく判断できることが保育者には必要となるのである。そのためには、「○歳児であるから」や「男の子だから」などの理解ではなく、「○○ちゃん」という、個人をしっかりと観察する中で理解していくこと、そして信頼関係を築いていく必要がある。しかし保育者も、思い込みや視野の狭さ、誤解などから、正しい判断や好ましい子ども理解ができないことがある。これらは多くの場合「経験の少なさ」から生じるが、「経験が豊富」なことがかえってあだになり、「○○して当然」という感覚を生むこともある。

例えば〈事例1〉のような子どもの姿があったとき、あなたならどのように子どもを理解するだろうか。

〈事例1〉
　今日の2歳児のおやつはビスケットとミルクである。一口食べたAちゃんが、ビスケットのお皿に牛乳を入れている。それを見たS保育者は、「Aちゃん、これ（ビスケット）は食べるものだよ！遊ばないよ。ちゃんと食べようね」という。Aちゃんは保育者の問には答えず、S保育者が他児に関わっている間に、さらにビスケットの皿に牛乳を入れ、ミルクに浸ったビスケットを触っている。

　食事やおやつは、「栄養の摂取」の他にも「マナー」を教える時間としてのねらいもあり、「遊び」とは区別されて捉えられることが多い。この時のAちゃんの行動も、S保育者には「きちんと食べない」「食べ遊びしている」という姿に映ったのであろう。しかし、在園児が帰って保育日誌を書いていたS保育者は、前日のおやつの時間のAちゃんの姿を思い出した。それは、お茶が入ったコップの中に、偶然せんべいが入ってしまう、という出来事であった。お茶がせんべいに染み込んでいく様子を見たAちゃんは、「すごい！おせんべいお茶飲んだよ！」と大きく目を見開いてS保育者に報告したのである。S保育者は「Aちゃんはミルクとビスケットでも同じことが起こるのかを試したのかもしれない」と思い直した。
　保育は日常生活の連続の中で行われる。目の前にいる子どもが今、何を考えているのか？　それは、直前に、どのような遊びや体験をしたのか、友達とどのような関係にあるのか（いさかいやけんかが起こっていないか）、家庭がどのような状態なのか（例えば母親が風邪をひいているなど）、などと大きく関係する。それは、大人なら見逃してしまいそうな小さな出来事かもしれないし、大人なら当然と考えるような小さな発見かもしれない。しかし、子どもにとってはとても大きな出来事である可能性が高いのである。よって、大人の感覚で判断してはならない。上記

の〈事例1〉でたとえるならば、「ビスケットがミルクを飲むかどうかを実験しているAちゃん」を理解したうえで関わりを持たなければならなかったのである。そのような子ども一人ひとりの小さな出来事を常に敏感に感じ取り、今ある子どもの現状を理解していく力が、保育者には必要なのである。

第2節　生活や遊びを通しての総合的な指導

1　子どもの自主性と「生活や遊びを通しての総合的な指導」

　「遊び」の意義とは何であろうか。一般的に遊びは、社会性（Social Development）、身体能力（Physical Development）、知的能力（Intellectual Development）、創造性（Creativity Development）、そして情緒の発達（Emotional Development）を促すと言われている。遊びに対するこれまでの理論を見てみると、余剰エネルギー説や休養説などさまざまな考えがあったが、現代では、「行為者が対象に働きかけた結果、対象の側に何らかの変化が生み出されたときに得られる効力感が遊びを動機づける、主体的なものである」［小田・山崎、2013］という考え方が一般的であり、遊ぶことによって、自己肯定感や充実感が得られるとされている。

　このような考えの下、2008年には現在の幼稚園教育要領や保育所保育指針、そして2014年度からは認定子ども園教育・保育要領において、「生活や遊びを通しての総合的な指導」を行う必要性が打ち出された。そして、遊びのねらいや意義は、以下のように説明されたのである。

　①遊びは、遊ぶこと自体が目的である。夢中になって遊ぶことにより充実感を味わうことができる（遊びの充実）。
　②遊びは、思考力、想像力、友達と協力することや環境への関わりなどを体験するなど、さまざまな要素が含まれる（遊びの多様性）。

③子どもの諸能力は、生活や遊びを通して相互に関連し合いながら総合的に発達していく（生活や遊びによる総合的発達）。

　幼児期の保育の基本は、①安定した情緒の下で自己発揮ができること（子どもの居場所づくり、保育者との信頼関係の構築、安らげる環境）である。そのうえで保育者は、②子どもの主体性を促す生活環境を整えていかなければならない。つまり、子どもの発達を理解し、一人ひとりが興味・関心を持てるような保育内容を考え、環境構成を行っていかなければならない。このような援助や支援のうえで、子どもは生活や遊びを通して総合的に発達していく。保育者は、このような生活や遊びの意義を十分に理解していなければならない。

2　「生活や遊びを通しての総合的な指導」の実践に大切なこと

　近年、子どもの遊び場が減少している。公園に行けば、必ずと言っていいほど遊びに対する「注意書き」があり、詳細な「遊びの方法」が提示されている。「ボール遊び」や「登る」「狭いところに隠れる」などの行為も禁止されていることが少なくない。これらは「公園は不特定多数の人が集う場所」であることを配慮した結果であろう。しかし、このような「ちょっと危険な行為」こそ、子どもが興味・関心を示す遊びなのである。また、このような五感を通した「冒険」や「挑戦」が、その後のよりよい発達につながった実践例も紹介されている［カツヤマ、2013］。

　近年、いわゆる「非認知能力」の重要性が述べられるようになった。「非認知能力」とは、「学力」など、点数化して分かるような能力（認知能力）ではなく、個人が持つパーソナリティ特性、目標、モチベーション、嗜好などであるとされている［ヘックマン、2015］。

　「非認知能力」は「認知能力」と深い関わりがある。例えば、目標を持った人は、目標を持っていない人に比べ、多くの努力の中で目標を達成していく過程を考えれば一目瞭然であろう。

　また「非認知能力」と環境は、深い関係があるとされている。例えば、

幼少期に蔵書が多い裕福な生活を送った子どもたちは、好奇心などの非認知能力が高められ、大学進学率が顕著に高くなったことが報告されている［戸田、2014］。

　一方で、無藤隆（1946〜）は、日本の幼児教育における「非認知能力の育成」について、2つの問題点を指摘している。第1として、日本では「意欲」や「心情」は重視されているが、「粘り強さ」や「挑戦する気持ち」にはあまり重点が置かれていないこと、第2として、「認知能力」と「非認知能力」が分けられて考えており、もっと「絡み合うように伸びていく」ことを念頭において保育すべきである、という2点である［無藤、2015］。

　これらの考えを基盤に置くと、実際の保育の現場においては以下のような点を考慮して保育を実践していくことが必要であろう。

(1) 子ども理解
・子どもの発達の状態や友達関係、家族の状況などを把握したうえで一人ひとりの「子ども理解」を図る。
・子どもの現在の興味・関心を細やかに把握する。

(2) 環境の構成
・子どもの興味関心・季節などに沿った環境構成を考える。
・翌日の天候や季節に合った素材環境を準備する。
・できるだけ多くの素材や種類を準備する（草木・廃材・道具・絵本・大きさや形が異なった積み木、など）。
・安全に配慮しながらも、子どもたちが「一度もやったことがないこと」や「一度も成功したことがないこと」などが挑戦できる機会を準備する（包丁を使って調理する、はだしで歩く、木に登る、など）。
・なにげない日常の中の自然や素材を楽しむ（虹を見る、雲の流れを見る、風の音を聞く、花の香りを嗅ぐ、虫を追いかける、線の上を歩く、わざと左右間違えて靴を履く、水をつかもうとする、など）。

(3) 保育者の姿
①モデルであること

　保育者は子どものモデルであることを理解する。ただし、子どもからすると、大人は「はるか彼方の存在」である。子どもはそのような大人よりも、自分と年齢が近いお兄さん・お姉さんに憧れの気持ちを持つことが多い。子どもどうしの異年齢集団の中で「私もやりたい」という意欲を引き出すことも大切である。

②対話の重要性

　保育者と子どもとの対話が、子どもの発想力を豊かにし、深めていく。この意味から、保育者の問いかけやアドバイスはたいへん重要である。

③見守り

　子どもは保育者などの大人の目から「隠れてすること」がたいへん好きである。保育者は、その行為が危険を伴ったり、ルールから逸脱したものでなければ、「見守る」姿勢をとることも必要である。その間、子どもたちは、自分たちだけで話し合いや意見の調整を行い、ルールを作り出すという自己決断をしていく。そのような「秘密」は子どもたちどうしの団結を生み出す。多くの場合、このような秘密は保育者に認知された「暗黙の了解」となっていることが多い。しかし、「自分たちだけで決めた約束事」は、子どもたちの新たな自主性を育んでいくことにつながっていく。

第3節　偶発的な出来事への対応

1　保育計画と柔軟な対応

　各園では、子どもの姿から、「年」「期」「月」「週」そして「日」ごとのねらい（保育計画）を立案し、「指導案」に基づき日々の保育を実践し

ていく。それは、子どもたちに「このように育ってほしい」という保育者の願いであり、そこにはさまざまな創意工夫が見られる。

〈事例２〉
　ある冬の日の夜、冷え込んだ都心にめったに降らない雪が降り、10cmほどの積雪となった。翌朝登園してきた子どもたちは大喜びで、雪合戦や雪だるま作りを楽しんだ。しかし、お昼頃になると、暖かな太陽とともに雪もだんだんと溶けてしまった。子どもたちは、残った雪を名残惜しそうに、大切に触っている。

　このような子どもたちを目の前にしたとき、あなたならどのような保育を行うだろうか？　ある保育者は、できていたツララの下に空き缶を置き、光に反射しながら落ちる姿や音、そしてたまった水で形作りなどを楽しんだ。ある保育者は「かまくら」が描かれている絵本を読み、段ボールで「かまくらごっこ」を楽しんだ。そしてある保育者は、子どもたちといっしょに園庭の周囲を探索に行き、氷を見つけると（保育者が下見をしておいた場所である）、子どもたちと氷の形作りを楽しんだ。

　雪が降るという現象は偶発的な出来事であり、保育者が意図してできるものではない。日常の保育の中には、このような偶発的な出来事が多く起こる。それは、うれしい出来事ばかりではない。子どもが体調を崩したり、飼っている動物が死んでしまうときもある。保育者はそのような偶発的な出来事にも柔軟に対応していく姿勢が求められる。

　〈事例２〉のように急に大雪が降ったときも、計画していた保育を変更し、子どもとともに五感を使って、雪遊びを思い切り楽しむことが必要となる。しかし、保育者が考えることは、それだけでは不十分である。主となる雪遊びを終えた後、だんだんと解けていく雪の中で、寂しさを感じている子どもたちの気持ちを受け止め、次の活動にどのように展開していくのか、さらなる興味・関心をいかに引き出すのか、それらをしっかりと考えて計画を再構成していかなければならない。

2　保育者としての専門性をさらに向上させるために

　保育者は常に日常の保育をよりよいものにしようと努力している。しかし、ときとして計画どおりにいかないことも多い。そのようなとき、保育者は「どうしてうまくいかなかったのだろうか」と保育を振り返ることが必要である。また、ときには他の保育者の保育を見学したり、園内外での事例検討会などに参加することにより、自分の保育をあらためて考える機会をつくることも必要であろう。そのような中で、日頃自分では気づかない部分を再発見できることもある。

　津守真（1926～）も、「省察の必要性、省察における修練の必要性、長年を経た後での気づき」などを述べている［津守、1997］。保育者の専門性とは、一朝一夕に得られるものではない。長い歳月をかけて自分のものにしていくものである。それが本当の意味での「保育の専門性」と言えるのではないだろうか。

【引用・参考文献】

カツヤマケイコ『男の子の乗りこえる力を育てるワンパク体験──就学前にさせたい10のこと』メディアファクトリー、2013年

津守真『保育者の地平──私的体験から普遍にむけて』ミネルヴァ書房、1997年

ヘックマン，J.（古草秀子訳）『幼児教育の経済学』東洋経済新報社、2015年

小田豊・山﨑章監修『幼児学用語集』北大路書房、2013年

戸田淳仁「幼少期の家庭環境、非認知能力が学歴、雇用形態、賃金に与える影響」(RIETI Discussion Paper Series) 2014年、pp.1-25

無藤隆「生涯の学びを支える『非認知能力』をどう育てるか」2015年
https://www.facebook.com/notes

（副島里美）

第7章　保育者の養成

第1節　保育士の養成

1　保育士資格を取得するまで

(1) 保育士資格誕生の経緯

　かつて、「保育士」の職業は、「保母」と呼ばれていた。これは、当初は、時代背景から女性の資格として位置づけられていたからであり、1977年の児童福祉法施行令改正に伴って、男性も「保母」の資格を取得できるようになった。ただし、男性の「保母」資格取得者は、俗称として「保父」と呼ばれていた。この「保母」資格は任用資格であったことから、「保母国家試験」を合格した者や「保母養成施設」を卒業した者が、児童福祉施設（保育所も含む）の職員として任用されて初めて「保母」資格を生かすことができたのである。

　その後、男女共同参画社会の新たな社会の時代に入り、1999年4月の児童福祉法施行令の改正により「保育士」という名称となり、2003年11月の児童福祉法改正により、新たな国家資格となり、「保育士」がどのような専門性を持つ資格であるのか明らかになった。保育士は、児童福祉法第18条第4項において、「保育士の名称を用いて、専門的知識及び技術をもって、児童の保育及び児童の保護者に対する保育に関する指導を行うことを業とする者をいう」と定められ、保育と保護者への保育指導が大きな仕事であることが明確に位置づけられた。

　それに伴い、保育士資格を取得する際に学ぶべき教科目も整理され、

時代の要請に対応するために教科目の見直しを経て、今日の保育士養成制度に至っている。

(2) 現在の保育士養成

保育士の資格を取得するためには、大きく分けて2通りの方法がある。1つ目は、児童福祉法第18条の6に基づく厚生労働大臣の指定する保育士を養成する学校その他の施設（以下、「指定保育士養成施設」という）で所定の課程・科目を履修し卒業する方法である。指定保育士養成施設は、大学、短期大学や専修学校などに置かれていて、卒業と同時に保育士登録を行い、保育士資格を取得することができる。

2つ目は、児童福祉法第18条の8第2項が定めるとおり、都道府県知事が実施する保育士試験に合格する方法である。この保育士試験の受験資格には、いくつかの受験要件がある（**図表1参照**）。保育士試験に合格し、保育士登録を行うことで、保育士資格を取得することができる。

かつてから、保育士試験に合格した者と指定保育士養成施設を卒業し

図表1　保育士取得のプロセス

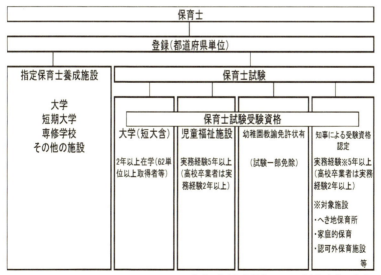

出典：[厚生労働省、2015（b）] を基に作成

第7章●保育者の養成　67

図表2　保育士養成課程の科目・取得単位

	系列	教科目	単位数
教養科目		外国語(演習)	2以上
		体育(講義)	1
		体育(実技)	1
		その他	6以上
	教養科目　計		10以上
必修科目	保育の本質・目的に関する科目	保育原理(講義)	2
		教育原理(講義)	2
		児童家庭福祉(講義)	2
		社会福祉(講義)	2
		相談援助(演習)	1
		社会的養護(講義)	2
		保育者論(講義)	2
			計13
	保育の対象の理解に関する科目	保育の心理学Ⅰ(講義)	2
		保育の心理学Ⅱ(演習)	1
		子どもの保健Ⅰ(講義)	4
		子どもの保健Ⅱ(演習)	1
		子どもの食と栄養(演習)	2
		家庭支援論(講義)	2
			計12
	保育の内容・方法に関する科目	保育課程論(講義)	2
		保育内容総論(演習)	1
		保育内容演習(演習)	5
		乳児保育(演習)	2
		障害児保育(演習)	2
		社会的養護内容(演習)	1
		保育相談支援(演習)	1
			計14
	保育の表現技術	保育の表現技術(演習)	4
	保育実習	保育実習Ⅰ(実習)	4
		保育実習指導Ⅰ(演習)	2
	総合演習	保育実践演習(演習)	2
	必修科目　計		51
選択必修科目	保育に関する科目(上記系列より科目設定)		15以上
	保育実習Ⅱ又はⅢ(実習)		2
	保育実習指導Ⅱ又はⅢ(演習)		1
	選択必修科目　計		18以上
	合計		79以上

出典：[厚生労働省、2015（b）]を基に作成

た者とでは、保育士養成の観点から保育士資格取得までのプロセスが異なるため、保育士としての質の違いが指摘されており、特に、保育士試験に合格した者は、実習を経ずに保育士の職に就くという問題点が指摘されている。また、保育士試験科目と指定保育士養成施設で開講されている科目についても、できるだけ整合性がとれるように試験科目の見直しをすることが現在の課題となっている。

(3) 指定保育士養成施設における保育士養成

指定保育士養成施設における保育士養成での教科目・取得単位は、**図表2**のとおりである。児童福祉の分野で、広範囲にわたり活躍できる保育士は、学修する内容も広範囲にわたり、保育、教育、福祉などの理論から子どもの心理、保健、栄養、家庭支援など、対象を理解する教科目、さらには、乳児保育、障害児保育、保育相談支援など多岐にわたる。

保育実習については、「保育実習Ⅰ」が、保育所、幼保連携型認定こども園などと、乳児院、母子生活支援施設などの児童福祉施設での実習を体験し、さらには、「保育実習Ⅱ」で、保育所、幼保連携型認定こども園などでの実習、「保育実習Ⅲ」で、児童厚生施設などでの社会福祉施設における実習を体験することになっている。実習については、厚生労働省により「実習実施基準」が定められており、指定保育士養成施設においては、「実習実施基準」に基づいて保育実習が実施されている。実習内容としては、指定保育士養成施設の方針や受け入れ実習先によって若干異なる現状があるが、保育所などにおける実習では、基本的には、「保育実習Ⅰ」で観察実習から参加実習を体験し、「保育実習Ⅱ」で参加実習から部分実習、責任実習へと体験することで、保育士としての力量を形成していくのである。

2 保育士養成の課題

(1) 保育士資格と幼稚園教諭免許状についての検討

2013年に改正した「就学前の子どもに関する教育、保育等の総合的な

提供の推進に関する法律」（以下「認定こども園法」）の附則第2条によると「政府は、幼稚園の教諭の免許及び保育士の資格について、一体化を含め、その在り方について検討を加え、必要があると認めるときは、その結果に基づいて所要の措置を講ずるものとする」と定められている。2013年の子ども子育て支援法の成立に伴い、2015年から子ども子育て新制度が本格的に始まったが、認定こども園の増加に伴い、幼稚園教諭免許状と保育士資格の両免許状・資格を必要とする「保育教諭」の増加が予測され、認定こども園法にも免許状・資格の検討を加えることが明記されていることなどから、将来的には、幼稚園教諭の免許状と保育士の資格のあり方について、一本化を含め、どのようなあり方が望ましいか検討が行われるものと考えられる。今後、免許状と資格の検討に伴う保育士養成のあり方や内容について、免許状・資格制度や時代のニーズに合ったあり方となるように検討されなければならない。

(2) 保育士資格の適用範囲の検討

保育士は、児童福祉施設でも広範囲にわたり活躍できる資格である反面、保育所などに従事する保育士と施設に従事する保育士とでは、専門性が異なることが、以前から指摘されてきた。保育所などで働く保育士の専門性については確立されてきているが、施設で働く保育士の専門性は、働く施設の種別ごとに求められる専門性が異なり、保育士の資格についての検討が必要であると考えられる。また、広範囲の児童福祉施設で活躍している保育士資格は、少子高齢化がさらに深刻になるわが国において、西欧の国々のように、保育と介護の仕事ができる資格の創設が必要なのかという議論も出てくるものと考えらえる。

第2節　幼稚園教諭の養成

1 幼稚園教諭の養成の現状

(1) 幼稚園教諭の免許状・所要資格

　幼稚園教諭の免許状を取得するためには、教育職員の免許状の授与の所要資格を得させるために適当と認められた大学（短期大学、大学院、大学・短期大学の専攻科、大学・大学院の教職特別課程・特別支援教育課程を含む）の課程である「教職課程」で、所定の単位を取得する必要がある。免許状の種類としては、大学院修了が基礎資格の「専修免許状」、大学卒業が基礎資格の「一種免許状」、短期大学卒業が基礎資格の「二種免許状」がある。なお、一種免許状、二種免許状取得における教職課程の科目は、**図表3**に示すとおりである。教職課程の科目は、大きく分けると「教科に関する科目」「教職に関する科目」「教科又は教職に関する科目」となり、さらに細分化されている。また、図表3で一般教養としての区分表記になっている科目は、法令上は、「教育職員免許法施行規則第66条の6に定める科目」として教育職員として免許状を取得する者の履修を必修としており、多くの教職課程で一般教養科目のような区分で授業が位置づけられている。

(2) 近年の幼稚園教諭の養成

　「教職課程」のうち、特に、幼稚園教諭の教職課程は、教員養成を主たる目的とする学科であることが原則となっている。近年、新設されている大学の学部などにおいて、新たな教職課程の認定が行われているが、そのような大学の学部・学科などでは、卒業とともに、幼稚園教諭免許状と保育士資格の同時取得が可能な学部・学科などが多い中で、幼稚園教諭免許状と小学校教諭免許状の同時取得が可能な学部・学科や幼稚園教諭免許状と保育士資格、さらには特別支援学校教諭免許状の同時取得

図表3　幼稚園教諭教職課程の科目・取得単位

免許状の種類			一種	二種
基礎資格			学士 4年 124単位	短期大学士 2年 62単位
一般教養		日本国憲法、体育、外国語コミュニケーション、情報機器の操作（各2単位）	8	8
教科に関する科目		国語、算数、生活、音楽、図画工作及び体育の教科に関する科目（これら科目に含まれる内容を合わせた内容に係る科目その他これら科目に準ずる内容の科目を含む。（※1））のうち、1以上の科目	6	4
教職に関する科目	教職の意義等に関する科目	教職の意義及び教員の役割	2	2
		教員の職務内容（研修、服務及び身分保障等を含む。）		
		進路選択に資する各種の機会の提供等		
	教育の基礎理論に関する科目	教育の理念並びに教育に関する歴史及び思想	6	4
		幼児、児童及び生徒の心身の発達及び学習の過程（障害のある幼児、児童及び生徒の心身の発達及び学習の過程を含む。）		
		教育に関する社会的、制度的又は経営的事項		
	教育課程及び指導法に関する科目	教育課程の意義及び編成の方法	18	12
		保育内容の指導法		
		教育の方法及び技術（情報機器及び教材の活用を含む。）		
	生徒指導、教育相談及び進路指導等に関する科目	幼児理解の理論及び方法	2	2
		教育相談（カウンセリングに関する基礎的な知識を含む。）の理論及び方法		
	教育実習		5	5
	教職実践演習		2	2
教科又は教職に関する科目			10	0
大学としての独自科目				
免許法上必要とされる単位数			59	39
大学を卒業するために必要とされる最低単位数			124	62

※1：「これら科目に含まれる内容を合わせた内容に係る科目その他これら科目に準ずる内容」とは、幼稚園教育要領で定める「健康」、「人間関係」、「環境」、「音楽」及び「表現」に関する科目である。

出典：[厚生労働省、2012] を基に作成

が可能な学部・学科が存在するなど、特色を生かした幼稚園教諭の養成を行っている教職課程が存在している。

　大学における幼稚園教諭養成が増加している背景としては、2006年に文部科学省から出された「幼児教育振興アクションプログラム」に、幼稚園教諭一種免許状を所有する現職幼稚園教員数を増加させ、幼稚園教諭の養成や現職教育の充実・強化の方向性が打ち出されていることが挙げられる。現在、幼稚園教諭として働く現職教員は、幼稚園教諭二種免許状所有者が多い傾向にある。そこで、教職課程においても、一種免許状の取得の機会を増やし、現職の幼稚園教諭に対しては、二種免許状を所有する現職教員が一種免許状を取得するなどの上級免許状取得のための「免許法認定講習」の実施を図るなど、幼稚園教員の資質および専門性の向上に結び付く施策を実施している。

　さらに、急速な社会環境の変化に対応するために、幼稚園は、多様な保育の展開が求められる。そのため、幼稚園は、園の教育機能の強化・拡大を図ることなどが緊喫の課題であるが、この課題を実施するためには、それぞれの幼稚園教諭の資質および専門性の向上を図ることを避けて通ることができない。特に、幼稚園教諭養成段階での教諭志望者は、豊かな直接体験を通して視野を広げ、多様な知識を得る必要がある。

2　これからの幼稚園教諭の養成

(1) 幼稚園教諭に求められるもの

　幼稚園教諭は、幼児一人ひとりの内面を理解し、信頼関係を築くなどの資質が問われている。豊かな人間性や使命感、情熱が求められている。また、幼児理解を経て総合的に指導する力や、具体的に保育を構想し実践する力が必要である。さらに、教員集団としての協調性や特別支援の分野での対応する力、保護者・地域などや保育所・小学校との連携を推進する力が求められている。このように、幼稚園教諭として求められる専門性は、多岐にわたっている。幼稚園教諭養成の場では、これらの内

容を意識しながら、受け身ではなく能動的に学ぶ機会を与え、専門性を向上させることが必要となっている。

また、国際化や高齢化が進み、男女共同参画を実践する社会の中を子どもたちは歩むわけであるから、幼稚園教諭として人権への理解をきちんと持ち、互いを尊重し、社会の基本的なルールの存在に気づき、それに従った行動ができるように促す指導力が求められている。

(2) これからの幼稚園教諭の養成

教職課程に在籍している学生に対して、多様な知識や豊かな体験が得られるように、インターンシップ（就業体験）などの体験型授業や幼稚園に実際に出向いて、実践を経験するなどの学びが必要である。さらには、保育のみならず、家庭や地域社会への子育て支援などの課題に対応するため、特別支援に関する知識やカウンセリング能力の向上などが求められている。このような専門的な知識・技術を学修する中で、幼稚園教諭としてのキャリアをどのように形成していくのかを考えていくことも大切である。これまで、幼稚園に就職後、早期に退職する者が多いため、ベテラン教諭が育ちづらいということが問題であったが、幼稚園教諭を目指す者は、養成の段階で、そのキャリアについて考え、目標・見通しを持って教職課程で学ぶことが必要である。

第3節 保育者養成の新たな課題

2015年からスタートした子ども子育て支援新制度で、幼保連携型認定こども園が、幼稚園、保育所と並ぶ日本の保育施設として位置づけられたことから、認定こども園に勤める「保育教諭」が活躍する場面も増えてくるであろう。しかし、「保育教諭」は、どのような専門性を兼ね備えた職であるのかが明確になっていないうえ、大学・短期大学・専修学校などでは、「保育教諭」を意識して養成していくといった姿勢はあま

り見られない。「保育教諭」は、幼稚園教諭免許状と保育士資格を取得していることが必要であるが、その専門性は、ただ単に幼稚園教諭と保育士の専門性を掛け合わせたものではないのである。

したがって、これから「保育教諭」の専門性の確立に向けて検討が行われ、それに伴って、「保育教諭」の養成の内容についても検討がなされる動きが出てくると思われる。

【引用・参考文献】

厚生労働省「指定保育士養成施設指定及び運営の基準についての一部改正について」2015年 (a)

厚生労働省「第1回保育士養成課程等検討会資料」2015年 (b)

厚生労働省「第7回保育士養成課程等検討会資料」2012年

中央教育審議会「子どもを取り巻く環境の変化を踏まえた今後の幼児教育の在り方について ── 子どもの最善の利益のために幼児教育を考える」(答申) 2005年

文部科学省「幼稚園教員の資質向上に関する調査研究協力者会議報告書」2002年

文部科学省「幼児教育振興アクションプログラム」2006年

(齊藤　崇)

第8章 保育者の業務

第1節 各園の業務

1 幼稚園の業務

　幼稚園は子どもが初めて家族以外の人との集団生活を経験する場である。そこで子どもと関わる幼稚園教諭の第一の業務は、子どもが安心して幼稚園生活を営めるよう信頼関係をしっかりと築くことであろう。その信頼関係を基盤に、子どもの発達を支える日々の保育を展開していくことになるのである。また、学校教育法および幼稚園教育要領に示されているように、幼稚園はその生活を通して義務教育およびその後の教育の基礎を培う経験を幼児に保障しなければならない。そのために、各幼稚園は保育方針に基づき、在園期間を見通した独自の教育課程を作成し、幼稚園教諭はそれを基に、計画的に環境を設定し保育を実施することが求められるのである。

　具体的な幼稚園教諭の業務は、以下のようなものである。

(1) 保育計画・環境構成

　各園の教育課程に基づき、幼稚園教諭は月案、週案、日案といった保育計画を立てる。教育課程は、卒園までの幼児の望ましい育ちの道筋を示しているものであり、毎年変わるものではない。そのため具体的な計画は、実際の幼児の姿から立てられなければならない。ゆえに、担当するクラスの幼児一人ひとり、およびクラス集団の両面での育ちをきちんと理解することが重要である。その理解を基盤に、幼児の発達を促すた

めの計画を立てるわけであるが、それは幼児自身が主体的に活動できるものであることが大切である。小学校以上の学校のように、教師が教える、指導するといった立場で幼児と関わるのではなく、幼児自身が自らやってみたくなるような保育内容の計画、動機づけが重要であり、日々の幼児の生活を踏まえて、幼児自身の発案を生かすような計画を立てることが求められるのである。

　また、幼稚園教育の基本は、幼児が環境に主体的に関わりながら、望ましい経験をすることである。ゆえに、環境構成の計画は非常に重要である。正しい幼児理解の基に、幼児が主体的に関わることで発達を促すことができる環境をどのように構成するか、という点を計画するのである。それは同時に、教諭自身が期待する幼児の育ちを促す環境でもある。幼稚園教諭は、幼児自身が主体的に関わる環境の中に、自らの願いを埋め込んでいるのである。つまり、幼稚園の環境構成には、表面的には見えないものの、教諭の誘導が含まれていると言ってもよいだろう。その環境を構成することは、幼稚園教諭の重要な業務なのである。

(2) 日々の保育

　幼稚園教諭の一日の業務は、園児の登園時間よりずっと早く開始されている。教諭は園児が登園する前に、安全面、衛生面を確認しながら環境整備を行う。また、その日の保育が園児にとって望ましい展開になるように、環境構成や教材準備、他の教員との打ち合わせや確認などを事前に行うのである。

　園児が登園し始めると、登園した園児の健康観察を行いながら、園児一人ひとりと関わり、朝の時間を過ごす。この時間に、その日の園児の様子を把握し、不安などを抱えた園児に対してはそれを取り除き、安心して一日が過ごせるような関わりをしたり、いつもと違う様子があれば注意を向けるように心がけたりするのである。

　日中の活動については、各園の保育方針により保育内容はさまざまであるが、園児と共に生活し、遊び、ときには必要な援助をしながら、園

児の発達を支えていくのが幼稚園教諭の重要な仕事である。一見、園児と楽しく遊んでいるだけのようにも見えるが、豊かな遊びを展開するためには多くの保育技術が求められるので、常に保育技術の向上に努めている必要があるだろう。また、幼児の豊かな感性を受け止め、それをさらに深めるために、保育者自身が感性を磨いておく必要もある。保育者は園児と共に遊び、生活をしながら、園児一人ひとりの理解、さらに集団としての育ちの把握をしていかなければならない。そして、園児が降園するときに「また明日も幼稚園で遊びたい」と思える日々を支えていくのである。

園児が降園した後は、掃除などの環境整備はもちろんのこと、その日の保育を見直したり、翌日の保育準備を行ったり、教員どうしの打ち合わせや会議、行事の準備、保育の内容や技術を高める研修などを行う。保育時間が短いからといって業務が少ないということではないのである。

(3) 保育の記録・省察

幼稚園教諭は、園児と関わる時間が最も重要ではあるが、その時間を支えるのは保育の記録ではないだろうか。園児との時間はさまざまな出来事が起こり、その中で園児たちはどんどん成長をしていく。それらを記録に残さなければ、どんなに記憶力の良い人であろうと、正しく子どもの発達を捉えることは不可能であろう。自分が受け持つ園児一人ひとりに関する記録、子どもどうしの関わりの記録、クラス全体の様子や自らの保育に関する記録などを残しておくことが大切である。その際には、客観的な事実を記録することも必要であるが、同時に、自らの主観を大切にしたエピソード記録も残すとよいのではないだろうか。そして、それらの記録を基に、担当する園児の発達を確認したり、自らの保育について省察をすることが、保育の質を高めることにつながるのである。ときには同僚の教諭等と共に、保育記録を基にしたカンファレンスを行うことで、園児に対する理解が深まったり、自分が持っていなかった知見を得ることができたりすることがある。幼稚園教諭はこのような保育の

記録と省察を繰り返しながら、よりよい保育を目指すことを常に心がけていなければならないのである。

(4) 保護者支援

現代の園児の保護者は、すでに少子化となった社会に育ち、親になる前に乳幼児と関わる経験が少ない人が多い。そのために、育児に対しての不安が強かったり、負担感を強く持ってしまったりするのである。幼稚園に子どもを通わせている保護者に対して、子育てに関わる不安や悩みなどを解消し、子育てを前向きに捉えることができるように保護者を支援することは、現代の幼稚園教諭に求められる業務である。教諭は、専門性を踏まえた助言や、ときには他の機関とつなげるといった支援を行うのである。その根底にあるのは、園児の健全な発達を支えるという考えである。家庭を支え、家庭と連携することが、園児にとって望ましい発達を促すのである。

2 保育所の業務

保育所と幼稚園の大きな違いは、保育時間の長さと入所児の年齢であろう。保育所は、保育を必要とする子どもの保育を行い、その心身の健全な発達を図ることを目的としており、その保育は、養護と教育が一体的に展開される。両親の共働き等が理由となり保育所に入所する場合、保育時間は保護者の勤務時間より長時間になることが多い。また、保育所に入所できるのは、産休が明けた乳児からが対象となっており、この点も3歳から入園する幼稚園との大きな違いである。そのため、幼稚園に比べ、養護面での保育内容が重視されることとなる。ただし、教育面を軽視するということではない。保育所保育指針に示されている教育に関わる保育内容の5領域に関するねらいや内容は、幼稚園教育要領に記載されているものとほぼ同じである。幼稚園であろうと保育所であろうと、その在園期間中に経験することが、子どもの健全な発達を促し、望ましい未来を作り出す力の基礎を培うことには変わりはないのである。

「1　幼稚園の業務」の項で述べた業務に関しては、基本的には保育所保育士も同様であると考えるべきであろう。

以下に、特に保育所において留意すべき具体的な業務に関して述べていく。

(1) 保育計画・環境構成

保育所においても保育課程を作成することが、現行の保育所保育指針（2008年告示）から義務づけられることになった。各園で、園の保育目標に照らし合わせた保育課程を作成し、それを基に、日々の保育を計画的に展開していくのである。保育の計画に関する考え方は幼稚園と同様であるが、保育時間が長い点や、乳児保育に関する特別な配慮については、保育所独自の点である。

保育の計画を作成するに当たっては、一日の生活の流れや、家庭生活とのつながりを配慮しなければならない。特に基本的生活習慣の自立に関しては、保育所が担う割合が多くなるので、家庭との連携を取りながら、無理なく身につけることができるような関わりが必要となるだろう。

さらに乳児保育に関しては、個別の保育計画が求められる。乳児期は個人差が大きく、しかも発達が非常にめざましい。ゆえに、一人ひとりの成長に即した計画でなければ意味をなさないのである。

また、保育環境の構成に関しても、幼稚園とは違う配慮が求められる。というのも、遊びの空間だけでなく、生活の場としての空間が必要とされるからである。特に、午睡や休息が必要な乳幼児が、安心してゆったりと、しかも安全に休むことができる環境が大切となってくる。3歳未満の乳児に関しては、各々の家庭生活によって保育所での休息の必要性が違うため、午睡時間についても一斉に行うことは不可能である。そのような子どもの状況に対応できる環境を設定することが必要である。さらに、SIDS（乳幼児突然死症候群）に対する注意も重要で、人的環境整備も求められていると言えるだろう。また、伝染性の病気の蔓延を防ぐための衛生管理も必要である。特に乳児の場合は、病気に感染すると重症

化する危険もあるので、園内に伝染性の病気が発生した場合は、室内の遊具や子どもたちの触れる場所について除菌をするなどの配慮が重要となる。同時に、保育者自身が伝染してしまわないよう、手洗いなどの予防策を徹底することも環境整備の一端と考え、丁寧に行わなければならない。

(2) 保育士間の連携

保育所の開所時間は年々長くなる傾向がある。2014年の厚生労働省社会福祉施設等調査によれば、開所時間が11時間以上の保育所が75％以上を占めている。そのため、保育所に勤務する保育士は、勤務時間のシフトを作り、8時間勤務になるようにしている場合がほとんどである。保育所の登降園時刻は、各家庭の状況に応じて決められるため、幼稚園のように一斉に登園したり降園したりするわけではない。子どもによっては開園時間に登園し、閉園時間ぎりぎりまで保育所で過ごす場合もある。そのため、たとえクラスの園児であっても、登園時から降園時までの一日全てを自分で保育することができるわけではないのである。

ゆえに、保育所保育士の場合には、保育者どうしの連携が重要な業務となってくる。例えば、早番の保育士が子どもの受け入れをした際、保護者から受けた連絡をきちんと受け持ちの保育者に伝えることが非常に大切なことになる。もし、体調不良などの連絡を忘れた場合、体調をさらに悪化させてしまう事態を生じる危険がある。また、保育中に負ったけがについて、遅番の保育者に状況をしっかりと伝えておかなければならない。もし、それが保護者に正しく伝わらなければ、保護者との信頼関係が崩れてしまう可能性もあるだろう。入所児の安全や、保護者との信頼関係の構築のために、保育士どうしの密な連携が非常に重要なのである。

(3) 保護者支援

保育所も幼稚園と同様に、保護者支援を行うことを義務づけられている。その基本は、子どもの最善の利益を最優先することであり、子ども

の健全な成長のために必要な保護者支援を行うのである。ただし、その対象となるのは、保育所に入所している子どもの保護者だけではなく、保育所に入所していない地域の保護者も含まれる。保育所は、地域の子育てセンターの機能を持つことを期待されており、家庭の中で子育てに不安を抱えている保護者に支援の手を差し伸べる役割を持っているのである。

その方法としては、各園の工夫や独自性や地域性などを生かして展開されるが、園庭開放や子育て相談などを行っている園は多い。保育士は、保育所に入所している保護者だけでなく、地域の子育て家庭にも関心を向け支援を行うことが、業務として求められるのである。

3 認定こども園の業務

認定こども園は、幼稚園と保育所の機能を併せ持つ施設である。保育所のように入所の条件に特別な条項はなく、希望すれば入所できる。そこに勤務する保育者は保育教諭と呼ばれ、幼稚園教諭の免許と保育士資格の両方を持っていることが必要である。

認定こども園のデイリープログラムは各園によってさまざまであるため、その業務内容も各園によって違いがある。しかし、幼稚園や保育所の業務の項で述べた内容は、全て該当する業務であると捉えてほしい。今後、認定こども園の施設数は増えるものと思われる。そこでの業務に関しては、今後も時代の要請に応じて変化していくことが考えられる。

第2節 児童福祉施設での業務

児童福祉施設で勤務できる保育者は、保育士資格を有した保育士である。保育士は、保育所以外の場でもその専門性を生かした業務を行っている。以下、代表的な施設での業務を述べていく。

1 乳児院

　乳児院とは、乳児（特に必要のある場合は幼児を含む）を入院させて、これを養育し、併せて、退院した者について相談その他の援助を行うことを目的とする施設である。なんらかの理由で家庭での生活ができない乳幼児の生活を保障する施設であるが、近年は虐待による保護が増加傾向にある。養育環境が劣悪だったり、親自身が精神障害であったりすることも多く、そのため入所する乳幼児は愛着関係で結ばれた信頼できる大人が存在していない。そのような状況において乳児院の保育士の果たす役割としては、入所している子どもが安心して生活し、甘えたり自己主張をしたりすることができるような精神的な安定を保障することであろう。そのために、たいていの場合は担当制をとり、特定の大人との愛着関係をしっかり結べるようにしている。また、子ども自身に障害があることも珍しくなく、育てづらさが虐待につながってしまう場合がある。保育士はそのような子どもに対しても、専門的な知識や障害に対する実践的な援助技術を基に、適切な対応をしなければならない。

　さらに、入所児の保護者に対する支援や指導、相談などの対応も行っていくことになる。入所児の最終的な目標は、家庭に戻って安定した生活を行うことである。保育士はそのために保護者支援を行い、保護者の育児力を高める働きかけをする。ときには、必要に応じて他の機関と連携をとることもある。

2 児童養護施設

　児童養護施設は、保護者のない児童（特に必要な場合は乳児を含む）、虐待されている児童その他、環境上養護を要する児童を入所させて、これを養護し、併せて、退所した者に対する相談その他の自立のための援助を行うことを目的とする施設である。おおむね2歳から18歳の児童を養護し、心身の発達を保障するとともに、安心して生活できる場となるこ

とを目的としている。

その中での保育士の役割としては、まず日常生活の支援や生活指導を行うことである。年齢に応じた基本的生活習慣の自立を促し、規則正しい生活をすることで、心身の健康を獲得する手助けをするのである。さらに、学校生活への適応や学習習慣の獲得と同時に、子どもらしい遊びに夢中になれるような働きかけが求められる。また、乳児院と同様に家庭での人間関係に恵まれていない場合が多いため、児童養護施設の生活においても心理的な支援が必要になる。ただし、幼児期から18歳の青年期までという対象年齢を考慮し、発達段階に応じた関わりが大切であることは言うまでもないことである。

なんらかの障害がある子どもも2割ほどいるといわれているので、その障害に対する支援計画を基に支援をすることも求められている。そして子どもが退所した後も、社会で自立できるようにアフターケアをすることもその業務として含まれるのが、児童養護施設の保育士なのである。

3　児童館

児童館は、子どもに健全な遊びを与え、その健康を増進し、情操を豊かにすることを目的とする施設である。対象となるのは、地域の0歳から18歳未満の児童であるが、就学前の乳幼児の保護者に対しても相談や支援活動などを行っている。

児童館では、小学生以上が学校にいる午前中の時間帯に、乳幼児の親子を対象とした活動プログラムを企画している場合が多い。地域の親子がその活動に参加することを通して、育児に対する不安を軽減したり、子育て仲間をつくったりする機会を提供している。保育士は、親子が楽しく遊べるプログラムを企画・準備したり、活動を通して気になる保護者に声を掛けて、問題が生じる前に対応ができるように働きかける。

午後になると、小学生以上の子どもたちが、学校から帰宅した後に自由に来館してくる。スポーツ活動や工作などを自由に選んで遊ぶことが

できるように環境を整えるのも、保育士の業務である。同時に、保育士自身もいっしょに遊びながら、子どもの変化に気をつけることも必要であろう。土日や祝日、夏休みなどの長期休みには、季節に応じた行事を企画し、子どもたちと準備を行い実施する、といったこともある。児童館は子どもたちの居場所にもなっているため、児童館の保育者は、教師のように何かを教え込む立場には立たず、子どもたちの良き理解者になり、良質な遊びを提供していくことが大切である。

4 その他の児童福祉施設での業務

保育士が業務を行う児童福祉施設は、他にも障害児入所施設、児童発達支援センター、母子生活支援施設、児童自立支援施設などがある。どの施設においても、専門的な援助技術が求められると同時に、保育士の持つ温かい関わりが大切になる。また、障害に関する知識なども常に新しいものを学び、保育に生かせるよう専門性を高める努力をすることも、保育者の重要な業務である。

【引用・参考文献】

阿部和子・増田まゆみ・小櫃智子『保育実習』(最新保育講座13) ミネルヴァ書房、2009年

林邦雄・谷田貝公昭監修、谷田貝公昭・高橋弥生編著『新版・保育者論』(保育者養成シリーズ) 一藝社、2013年

林邦雄・谷田貝公昭監修、中野由美子・高橋弥生編著『乳児保育』(保育者養成シリーズ) 一藝社、2015年

谷田貝公昭編集代表『新版・保育用語辞典』一藝社、2016年

厚生労働省社会福祉施設等調査　http://www.mhlw.go.jp/toukei/list/23-22.html（2016.1検索）

（高橋弥生）

第9章　保育者のマナー

第1節　身だしなみ

1　服　装

　幼稚園・保育所・認定こども園（以下保育施設という）は一つの社会であるので、社会生活の場であることを踏まえた服装で、清潔感とさわやかさをもった身だしなみが基本である。通勤、保育中、行事など、場面に合った装いを心がけつつ、良識の範囲内で自分らしい着こなしを楽しむことを心がけたい。

　通勤は、行き帰り時のこととはいえ、保育、教育の仕事に就く者として、仕事に取り組む心意気が感じられるような、自分に合った服装を心がけたい。男性保育者、女性保育者とも、カジュアルすぎず、仕事に行くという気構えが大切である。

　保育中の服装は、園によるドレスコードがある場合はそれに従う。自分が動きやすい服装が基本ではあるが、ふだんの生活ではいろいろな服装の選択肢があり、組み合わせもあるわけで、保育者も、その場においてふさわしいと思う服装を選んで着ることに、教育的意味もある。必要なときに、必要な機能の服を着ればよい。

　子どもたちは、保育者の服装に意外に興味を持っているものであるから、子どもたちが親しみを感じるような色使いにも配慮したい。自分の好みというより、子どもや保護者が関わりたいと思える保育者をイメージしてみることが必要である。

保護者は、大切な子どもを預ける相手として保育者を見る。保護者会などでは、保育中の服装ではないものを選び、見かけでマイナスの判断をされてしまうようなことがないよう、安心感と好印象を与えるように心がける。好印象が、信頼へとつながっていくからである。

　式典は、保育施設にとって特別な日であるので、保育者も改まった服装で臨むようにする。

2　清潔感

　健康で、きちんとした生活態度は、実は清潔感と直結している。常に洗濯をして、アイロンのかかかった衣類を身につけるようにする。外履きも上履きも清潔であるように心がけ、だらしなくないようにする。髪はきちんと整え、爪は安全上のことを考え、伸びたら切る。清潔を指導する保育者として、手本となるように、手を洗う、歯を磨くなど子どもに要求することは、自分も同じようにする。健やかな気持ちで、子どもや、いっしょに働いている保育者たちと過ごせるよう、清潔であるよう気を配り、周囲に不快感を与えないようにする。

第2節　挨拶と言葉遣い

　職業人として求められていることは、高度なことばかりではない。きちんと挨拶ができるということは、コミュニケーション力のうちでも最も大切な部分である。子どもに対しても、保護者に対しても、上司や同僚に対しても、地域の人々に対しても、心のこもった、きちんとした挨拶を心がけたい。

1　子どもに対して

　言葉は、耳に入ってくるものを通して習得する部分が大きい。子ども

は、好んで大人のまねをする。保育者は、きちんとした言葉遣いを心がけなければならない。

　一日の始まりの朝の「おはようございます」の挨拶は、きちんと子どもや保護者の目を見て、保育者自身が率先して、笑顔で、元気よく交わすようにしたい。人として最も基本的な言葉である「はい」「ありがとう」「ごめんなさい」は、子どもにもきちんと使わせたい言葉であるので、保育者自身もこの3つの言葉は大切にしなくてはならない。特に、感謝の気持ちを表す「ありがとう」は、子どもの心を育てるためにも大切にしたい言葉で、例えば、子どもが、お手伝いをしてくれたり、何か保育者のためにしてくれたりしたときなども「ありがとう」は忘れないようにしたい。他にも、保育施設の日常生活の中で、一日の中で決められた挨拶がある。「いただきます」「ごちそうさま」「行ってらっしゃい」「お帰りなさい」など、場面に応じて、いいかげんにせずに、きちんと言うようにしたい。

　保育者の言葉遣いを通して、子どもが言葉を習得していく部分もあるため、きれいな日本語を話すよう、日頃から心がけなくてはならない。また、目の前の子どもを大切に思う気持ちを、言葉にこめて、言葉掛けをする姿勢を持つようにしたい。

2　上司・先輩に対して

　上司や先輩に対しては、敬語を使い、丁寧に話すことを心がける。尊敬語、謙譲語、丁寧な話し方を適切に使えるよう、どの場面で、どのような言葉を使って話すかということは、日頃から身につけておくよう努力する。新任の時は、学ぼうとする姿勢があるかどうかが言葉に出てしまう。注意を受けたようなとき、失敗してしまったとき、ミスがあったとき、どういう言葉で対処するかは大事なことである。

　一日の終わりには、感謝をこめて「お先に失礼いたします」「ありがとうございました」と言うようにする。

3　同僚に対して

　保育者間の相互協力は、いい保育をしていくために重要である。たとえ同僚であっても、子どもの前では、一人ひとりプロの保育者であるので、そのことをわきまえて、同僚とも言葉を交わす。職場の中で、同僚と喜びや苦労を分かち合ったり、相談したり、支え合ったりといった協力は大切なことだが、職場内ではお友達関係になってしまわないよう、言葉遣いにも配慮する必要がある。

4　保護者に対して

　2008年3月に改定された保育所保育指針には、「保護者への支援」という新しい一章が設けられ、保護者への支援は、保育士の業務として捉えられている。同様に、幼稚園教育要領においても、幼稚園が相談に応じたり、保護者どうしの交流の機会を提供するなど、教育センターの役割を果たす必要性について記されている。保育者は、幼稚園や保育所という場を通して、保護者と出会い、つながりや信頼関係を深め、子どもの育ちが豊かになる環境を目指し、連携をとっていくことが求められている。それは、保育者と保護者との信頼関係の構築のためにも大切なことである。保育者と子ども・保護者は、共同・協働の関係であり、保育者は、保護者や家庭とともに歩んでいくという心意気が必要である。

　まず第一に、具体的で丁寧なコミュニケーションを心がけたい。孤立した中で育児をしていて、不安を抱えていることも多い。夕方のお迎えの時などに、一言でも、今日一日の子どもの様子などを伝えることができることが望ましい。

　子どもの状態は、よいときばかりではない。保護者が、子どもを否定的に見てしまいがちなときこそ、保育者は、子どもの姿をきちんと見て、プラスの面を保護者に伝えるようにしたい。できなかったことができるようになったとき、新しいことに挑戦したようなとき、子どもの持って

いるいいものに気づいたときは、具体的なエピソードなどを伝え、喜びを共有していくことも、保育者としてのマナーであり、そのようなことが、保護者から信頼され、良好な関係を築くことにもつながっていくのである。

　新任の保育者は、実習等で子どもと関わる経験は積んできているものの、保護者との関係は、保育現場に出て初めて直面することであるかもしれない。保護者は、保育者の人間性を見ている。仕事への取り組み方、清潔感や品位、勉強しているかどうかなど保育者の姿勢を見ており、同時に、一種の親しみやすさも求めている。ただし、あくまで保護者・保育者の関係であるので、友達のようにならないように注意しなくてはならない。語尾は「です」「ます」にし、丁寧な対応を心がけることも、よい信頼関係を構築し、持続させるうえで大切なことである。

5　地域の人々に対して

　保育施設は、地域の人々の理解と協力の上に成り立っているという部分も大きい。保育施設を開園しようとして、地域住民に反対されたりするなどのこともある。今日の社会は、何に対しても苦情が言いやすい環境があり、近隣の人からの、日常の保育に関連した保育施設への苦情も増加傾向にある。そのため、日常的に、地域の人々と良好な関係を保っていることは、円滑な保育施設の運営のために大切なことである。

　近隣の人たちに対する保育者の日頃の立ち居振る舞いや、通勤途上でどういう挨拶をするかということなども、地域の人々との関係に影響を及ぼす部分があるということを忘れないようにしたい。近隣の人に会ったら「いつもお世話になっています」、園が工事をしているようなときには「いろいろご迷惑おかけします」と、折々にちょっとした言葉を交わすことで、良い関係を築くことができる。

6　来訪者に対して

保育施設には、園児の保護者だけはなく、見学者、役所の人、業者、実習生などさまざま人が、それぞれの目的を持って来訪する。来訪者に対する保育者の言葉や所作、対応の仕方が、その保育施設の第一印象になっていくので注意したい。場合によっては、保育施設の中を案内し、子どもの活動の様子を見せるなどし、園の様子を知ってもらうことも必要である。

7　報告・連絡・相談と返事

「ほう・れん・そう」（報告・連絡・相談）は、職業人としての基本であり、特に上司や先輩、同僚との関係の中で、大切にしなくてはならないマナーである。保育施設の一日には、いろいろなことが起こる。事故が起きることもあるし、ハプニングが起きることもある。

一日の保育の内容は、必ず報告するようにする。困ったことがあれば、どう対応したらよいか、自分で判断してしまわずに、上司や先輩、同僚に相談することで、よい解決方法が見つかることもある。自分にミスがあったような場合でも、相手を信頼して、謙虚な心で相談するようにしたい。

誰かに何か、仕事を頼まれた場合には、その仕事が完了した時点で、仕事の依頼主にその旨報告する。そうすることにより、相手に「あの件はどうなったのだろう」と思わせずに済み、安心してもらうことができる。こういったことを積み重ねていくことで、信頼される人材へと成長していくことができるのである。

何か言われたり、頼まれたり、注意されたりしたときにも、必ず返事をするようにする。「はい、分かりました」の一言は、相手が言ったことを理解しているということを示すために大切なことである。聞いているだけで返事をしないのは、礼儀に欠ける。

保育者は、子どもに「はい」「ありがとう」「ごめんなさい」を場面に応じて使えるように指導していく以上は、保育者も、「はい」「ありがとうございます」「申し訳ございませんでした」をきちんと言えるようでありたい。

第3節　人として、保育者として

　子どもが幸せな日々を過ごすためには、保育者としてどうあるかということ以前に、きちんとした生活態度、社会のルールを自覚し、人としての常識やわきまえ、責任感と品格があることが求められている。子どもと保護者と保育者は共同・協働の関係であり、また地域の人々の理解と協力がなければ、保育施設は成り立っていかない部分がある。社会の中で通用するマナーを身につけていることは、大切なことである。
　保育に関する知識や技術、責任感、思いやりのある温かい心、向上心、周りに気配りができる、学ぶ姿勢、誰かに言われなくても必要に応じて動くことができる、保育哲学を持つ……など、保育者に求められていることは限りなくある。しかし、保育者にとっていちばん大切なことは、保育技術より「心」である。人格形成の大事な時期にある子どもたちに関わるわけであるから、子どもをそのままの姿で受け止め、心をかけ、豊かな成長のために力を尽くしていくことである。それができるよう、保育者自身も精進し、自分の心身を整え、保育者としての力を磨いていくことが大切である。たとえどんなに力がある保育者であっても、常識がなかったり、マナーを守ることができなければ、一人前の社会人とは言えない。
　保育者は、幼児期の子どもが出会う特定の大人の一人として、子どもに与えるインパクトも大きい。常識やマナーを身につけたうえで、子どもや社会と関わるようにすることで、保育のプロとして、よりよい仕事

をしていけると言えよう。

【引用・参考文献】
　谷田貝公昭・上野通子編『保育者の常識67』一藝社、2006年
　谷田貝公昭編『新・保育者の常識67』一藝社、2015年

（金　眞紀子）

第10章　現代における望ましい保育者像

第1節　幼稚園教育要領に見る保育者像

　現代日本において、「望ましい保育者像」はいかに語られ、追求されてきているのだろうか。本章では、まず、『幼稚園教育要領解説』に示されている「教師の役割」およびその役割を果たすために必要とされる教師の専門性について整理し、望ましい保育者像について考えていくこととする。

　『幼稚園教育要領解説』では、幼稚園教育は、幼児の主体的な活動を中心に展開されなければならないと、幼児期の発達の特性を踏まえた教育のあり方が説かれている。そうした幼児の主体的な活動を通して、幼児の着実な発達が助長されるために、教師にはどのような役割が求められ、どのような専門性を備えておく必要があるのだろうか。同解説第1章第1節「5　教師の役割」を参考にまとめると、以下のように言えるだろう。

1　幼児理解に基づく教育活動の創造と実践の考察・省察

　幼児の主体的な遊びを中心とした保育において、特に教師に求められるのは、幼児の主体的な遊びを生み出すための教育環境の創造と、そこでの幼児との適切な関わりである。この教師の役割を果たすためには、次のような教師の専門性が必要とされる。

（1）幼児一人ひとりの行動と内面を理解し、心の動きに沿って保育を展開することによって心身の発達を促すように援助すること。

(2) 幼児の行動と内面の理解をいっそう深めるためには、幼児の活動を教師自らの関わり方との関係で振り返ること。
(3) 実践を読み取り省察することは、翌日からの指導の視点を明確にするものであり、その営みを通して、さらに充実した教育活動を展開すること。

教育環境の創造とその環境の下での適切な幼児との関わりは、幼児の行動を観察し、その行動の背景にある内面を洞察することから生み出されるものである。したがって、実践は、幼児に対する教師自らの関わり方との関係において振り返ることが大切であり、そうした省察を実践記録として記述していくことも重要である。実践を考察・省察することは、教師が幼児一人ひとりにどのように関わるのか、つまり、指導の視点を明確にするために必要な営みであると言える。それはまた、保育目的の明確化、その目的に向かう充実した教育活動の創造へとつながっていくものとなる。幼稚園教育に対する教師の専門性は、「幼児理解に基づいた環境の構成と幼児との適切な関わり→実践の考察および省察→保育目的の明確化→目的に即した環境の再構成」といった一連の営みを繰り返し、高められていくのである。

また、幼児の主体的な活動は、幼児どうしの関わりを通してより充実したものとなり、仲間意識の深まりと集団の育ちは、幼児一人ひとりの育ちへとつながっていくものである。そのため、幼児理解に基づいた保育の営みは、一人ひとりの思いや活動をつなげ、幼児どうしが関わり合うことのできる教育環境・活動の創造、さらには1年間を見通した学級集団づくりへの援助・指導の過程においても実現されていくものである。

2 教師間の協力体制と園内研修による専門性の向上

幼児の主体的な活動を基盤とした教育において、一人ひとりの着実な発達を保障していくためには、教師間の協力体制が必要である。ここでいう協力体制とは、一つは、連絡を密にすることである。そのことは、

各教師のさまざまな幼児に対する関わりを可能にするだけでなく、各教師の見方によって捉えた幼児の実態について話し合い、幼児理解を深めていく手立てとなるものである。もう一つは、日々の保育を共に振り返ることである。こうした教師間の協働による保育の振り返りは、教師一人では気づかなかったことや、自分とは違った見方・考え方に触れる機会となり、さらには、「幼稚園の教職員全員で一人ひとりの幼児を育てるといった視点に立つ」ことへとつながるものとなる。

　日常の協力と話し合いをさらに深めたものが園内研修である。園内研修では、日々の保育実践記録を基に多様な視点から保育を振り返り、今後の保育方針や目的を共通理解し、さらには、具体的な教育活動、環境、幼児一人ひとりへの指導の方向性を明確にし、協力体制を確立していく場となっていくのである。こうした教師間による研修は、教育を充実させ、教師としての専門性を高めていく機会とすることができるのである。

第2節　「望ましい保育者像」に関する調査

　保育者は、専門性を高めつつ、成長していく存在でなければならないことを第1節において確認した。したがって、望ましいと考える保育者像も、保育者の成長プロセスに応じて変容していくと言えるだろう。そこで、第2節では、筆者によるアンケート調査から、保育者の経験年数と立場の相違によって、どのように「望ましい保育者像」が変容していくのかを述べていくこととする。

　この調査は、2015年に筆者が、公立幼稚園の教諭、主任教諭等、園長等管理職の3者を対象に実施したものである［小尾、2015］。各々の経験年数と立場から捉えた「望ましい保育者像」とその変容を明らかにすることを目的として実施された。

　調査の概要は次のとおりである。

> 1　調査地域：京都府、滋賀県、大阪府、奈良県、和歌山県、兵庫県
> 2　調査対象：各府県の市立幼稚園10園
> 　（1）経験年数10年未満の幼稚園教諭124名
> 　（2）経験年数10年以上20年未満の幼稚園教諭81名
> 　（3）主任教諭等中核的役割を担う教員53名
> 　（4）園長等管理職60名
> 3　アンケート内容
> 　①幼稚園教員としての資質
> 　②幼児理解
> 　③保育計画・保育構想・環境を創造する力
> 　④遊びを総合的に指導する力・実践力
> 　⑤保育を記録・考察・省察する力
> 　この5つのカテゴリーにそれぞれに10から12の選択肢を設け、重要だと考える項目上位3つを記述する。

1　経験年数と立場の相違による比較アンケート調査結果

　経験年数10年未満、10年以上20年未満の幼稚園教諭・主任教諭等中核的役割を担う教員を対象とした調査結果のうち、アンケート内容①～⑤のカテゴリーにおける回答上位5項目を順に**図表1**に示した。**図表2**は、園長等管理職への調査結果を表したものである。

2　カテゴリー別に見た「望ましい保育者像」

(1) 幼稚園教員としての資質について

　幼稚園教員としての資質に関して、どのような点を身につけていることが「望ましい保育者」としての条件であるのか。このことについて際立った差を認めることができるのは、一つは、経験年数10年未満の教員が「幼児への愛情」「笑顔・豊かな表情と話し方」など、幼児と向き合う際の姿勢を選択しているのに対し、他の教員群では、職務を遂行するに当たっての「責任感」や、より充実した保育を創造するために不可欠

図表1 「経験年数10年未満」および「10年以上20年未満」の幼稚園教諭から見た「望ましい保育者像」（カテゴリー別上位5項目）

カテゴリー	上位5項目		
	10年未満	10年以上20年未満	主任教諭等
①幼稚園教員としての資質	・心身の健康 ・幼児への愛情 ・笑顔・豊かな表情と話し方 ・協調性 ・人と関わる力・社会性	・心身の健康 ・協調性 ・責任感 ・豊かな感性・創造性 ・保育への熱意・向上心	・心身の健康 ・保育への熱意・向上心 ・責任感 ・他者の意見を受け入れる柔軟な考え方 ・協働性
②幼児理解	・幼児の心情理解 ・幼児の目線に立って考える柔軟さ ・幼児一人ひとりに応じた指導方法に関する知識 ・特別支援を要する幼児への指導方法に関する知識 ・発達に関する専門知識	・幼児の心情理解 ・幼児の目線に立って考える柔軟さ ・幼児一人ひとりに応じた指導方法に関する知識 ・観察力 ・一人ひとりの発達課題を見通した幼児理解	・幼児の心情理解 ・幼児の目線に立って考える柔軟さ ・観察力 ・一人ひとりの発達課題を見通した幼児理解 ・教師間や保護者と連携した幼児理解
③保育計画・保育構想・環境を創造する力	・遊びや教材に関する豊かな知識 ・幼児理解に基づく指導計画の作成 ・遊びの指導方法に関する知識 ・教材を作成する力 ・保育のねらいに応じて環境構成をする力	・遊びや教材に関する豊かな知識 ・幼児理解に基づく指導計画の作成 ・明確な保育方針 ・保育のねらいに応じて環境構成をする力 ・計画的な環境構成・教材作成	・明確な保育方針 ・幼児理解に基づく指導計画の作成 ・計画的な環境構成・教材作成 ・教員集団としての教材研究・作成 ・保育のねらいに応じて環境構成をする力
④遊びを総合的に指導する力・実践力	・幼児の言動に的確に対応する判断力・行動力 ・幼児の目線に立って共に遊びを楽しむ感性 ・ピアノの技術 ・集団を把握・まとめる ・運動遊び・集団遊び・絵画・制作・自然などに関する知識・技術	・幼児の言動に的確に対応する判断力・行動力 ・幼児の目線に立って共に遊びを楽しむ感性 ・ピアノの技術 ・主体的な遊びを深める専門的知識・技術 ・豊かな感性・創造性	・幼児の言動に的確に対応する判断力・行動力 ・幼児の目線に立って共に遊びを楽しむ感性 ・主体的な遊びを深める専門的知識・技術 ・幼児理解に基づいて環境を再構成する力 ・豊かな感性・創造性
⑤保育を記録・考察・省察する力	・文章力・表現力 ・実践を読み取る力 ・保育全般に関する専門知識 ・幼児を評価する力 ・他者から学ぼうとする意欲	・観察力 ・実践を読み取る力 ・文章力・表現力 ・他者から学ぼうとする意欲 ・幼児のよさや発達課題を明確にする力	・観察力 ・幼児のよさや発達課題を明確にする力 ・新たな保育を模索しようとする意欲 ・教員集団として向上していこうとする姿勢 ・文章力・表現力

（筆者作成）

図表2　園長等管理職から見た「望ましい保育者像」
（カテゴリー別上位5項目）

カテゴリー	上位5項目
①幼稚園教員としての資質	・心身の健康　・保育への熱意・向上心　・周囲への礼儀・気配り ・協働性　・責任感
②幼児理解	・幼児の心情理解　・豊かな感性・創造性　・観察力 ・一人ひとりの発達課題を見通した幼児理解 ・教師間や保護者と連携した幼児理解
③保育計画・保育構想・環境を創造する力	・明確な保育方針　・教員集団としての教材研究・作成 ・計画的な環境構成・教材作成 ・保育のねらいに応じて環境構成をする力 ・幼児理解に基づく指導計画の作成
④遊びを総合的に指導する力・実践力	・幼児の言動に的確に対応する判断力・行動力 ・主体的な遊びを深める専門的知識・技術 ・幅広い教養　・豊かな感性・創造性 ・幼児理解に基づいて環境を再構成する力
⑤保育を記録・考察・省察する力	・新たな保育を模索しようとする意欲 ・教員集団として向上していこうとする姿勢　・明確な保育方針 ・幼児のよさや発達課題を明確にする力 ・他者の意見を受け入れる柔軟な考え方

(筆者作成)

な「保育への熱意・向上心」などを選択している点である。

　もう一つは、立場による差として現れている。例えば、10年未満・10年以上20年未満の教員が「協調性」を挙げているのに対し、主任教諭等・園長等においては、「協働性」を選択している。また、主任教諭等が「他者の意見を受け入れる柔軟な考え方」を、園長等においては「周囲への礼儀・気配り」を、保育者の資質として求めている。すなわち、保育・園運営の中核となる立場である教員・管理職が求めるのは、他者と協調することだけでなく、加えて、教員集団の一員として自らの役割を果たしつつ、共に高め合う集団として成長していくために協働するという視点である。また、他者と協働して保育を創造し、職務を遂行するには、他者の意見を受け入れる柔軟な考え方や礼儀・気配りなど、人としてのあり方が問われることを明らかにしていると言えるだろう。

(2) 幼児理解について

　幼児理解においては、まず、10年未満の教員群とそれ以外の教員群との間に明らかな差が見られた。

「観察力」「一人ひとりの発達課題を見通した幼児理解」という点では、10年以上20年未満、主任教諭等、園長等がその必要性を感じているのに対し、10年未満の教員では上位項目に挙げられていない。つまり、幼児一人ひとりに応じた指導というものが、指導方法に関する知識によるものだけでなく、日々の幼児との応答的な関わりとそこでの深い幼児観察によって実現され得るものであることを認識している結果であると言えるだろう。さらには、そうした深い幼児観察を通して、一人ひとりの発達課題の把握とそこにアプローチする指導方法が生み出されることを表した結果であるとも言えるだろう。

　そしてさらに、立場による相違も明らかである。主任教諭等、園長等においては、「教師間や保護者と連携した幼児理解」を上位項目に選択している。教師間の連携によって多角的な視点から幼児を捉え、また、保護者との密な連携を通して幼児をよりよく知ること、これらのことが、より深い幼児理解をもたらす条件として考えられているのである。

(3) 保育計画・保育構想・環境を創造する力について

　保育計画、保育構想、環境を創造する力についても、10年未満の教員とそれ以外の教員との間に差が表れている。

　「幼児理解に基づく指導計画の作成」「保育のねらいに応じて環境構成をする力」が全ての教員群で挙げられているのに対し、「明確な保育方針」「計画的な環境構成・教材作成」という点では、10年未満の教員では上位項目としては選択されていない。つまり、幼児理解に基づいた指導計画の作成や具体的な保育のねらいの設定、また、そのねらいに即したきめ細やかな環境構成が、充実した実践を生み出す背景には欠かせない基本的な条件として認識されているのである。ただし、そうした基本的な条件の根底には、保育者の明確な保育方針が存在するのであって、保育者としての経験を積み重ねた教員によって、その必要性が認識されている結果であるとも言えるだろう。実践の前提には、「明確な保育方針の確立−幼児理解−指導方法・保育展開の検討−具体的な保育構想−

指導計画の作成－計画的な環境構成・教材作成による保育実践」といった保育者による一連の営みが存在するのである。こうした根本的な保育のありようが、保育者の成長プロセスに応じて求められていることを明らかにした調査結果であるとも言えよう。

そしてさらに、立場による差も明らかである。10年未満および10年以上20年未満の教員が「遊びや教材に関する豊かな知識」を挙げているのに対し、主任教諭等・園長等管理職においては、「教員集団としての教材研究・作成」が選択されている。この点においても、保育・園運営の中核的役割を担う教員や管理職が、教員間の協働による研修、研究、具体的な教育環境と活動の創造を目指し、保育者に必要な姿勢として捉えているとことが確認できるのである。

(4) 遊びを総合的に指導する力・実践力について

遊びを総合的に指導する力・実践力については、10年未満の教員とその他の教員との差が顕著に見られる。それは特に、「望ましい保育者」として備えておくべき知識・技術として、10年未満の教員が「ピアノの技術」「集団を把握・まとめる」「運動遊び・集団遊び・絵画・制作・自然などに関する知識・技術」を挙げているのに対し、その他の教員では、「主体的な遊びを深める専門的知識・技術」「豊かな感性・創造性」を選択している点において明らかである。

遊びを総合的に指導するには、具体的な個々の遊びを指導する際に必要な知識・技術だけでなく、保育者が意図して構成した環境や働きかけた活動において生み出される幼児の主体的な遊びを、より充実したものへと深めていく知識・技術が求められる。こうした教師の専門性への認識について、保育者が経験を積み重ねながら深めていることを調査結果は表していると言えるだろう。また、保育者による「豊かな感性・創造性」は、幼児の主体的な遊びを引き出し、深めていくうえにおいて、大きく影響を及ぼすものとして認識され、重要視されていると言えよう。しかし、幼児の主体的な遊びを深めていくには、具体的な個々の遊びを

指導する際に必要な知識・技術も基本的な条件となり、保育者に望まれる点であることは明らかである。

(5) 保育を記録・考察・省察する力について

　保育を記録・考察・省察する力では、10年未満の教員とその他の教員との差および立場による相違が次のように表されている。

　10年以上20年未満の教員および主任教諭等が「観察力」を挙げ、また、「幼児のよさや発達課題を明確にする力」については、園長等においても選択されている項目である。この２つの項目の重要性は、「(2) 幼児理解について」で述べたとおりであり、幼児理解に基づいてなされる保育の記録・考察・省察においても同様に、保育者に望まれる条件として選択されていることが確認できる。

　立場による相違としては、特に、主任教諭等・園長等が「新たな保育を模索しようとする意欲」「教員集団として向上していこうとする姿勢」を挙げている点に着目できる。保育を記録・考察・省察するには、「文章力・表現力」「実践を読み取る力」など、保育者としての基本的な条件や専門的な知識が要求されることは言うまでもない。それに加えて、「他者から学ぼうとする意欲」を根底とした新たな保育の模索が、より豊かな記録・考察・省察、実践を生み出すものとなることを表した調査結果であると言えるだろう。さらに、記録・考察・省察は、多角的な視点から追求されて結実し、それはまた、教員集団としての成長プロセスを生み出していくものであると主張されていると言えよう。

【引用・参考文献】

　小尾麻希子「幼稚園教員が捉える『望ましい保育者像』に関する研究調査報告書」武庫川女子大学小尾麻希子研究室、2015年

　文部科学省『幼稚園教育要領解説』フレーベル館、2008年

（小尾麻希子）

第11章　保育者の研修・服務

第1節　成長し続ける保育者を目指して

1　幼稚園教諭の役割を果たすには

　幼稚園は、学校教育法第22条にあるように、幼児の健やかな成長のために適切な環境を与え、心身の発達を助長することを目的として保育する場である。

　では、幼稚園教諭は、どのような役割を果たすのか。学校教育法第27条第9項には、幼稚園教諭は幼児の保育をつかさどること、第24条には保護者及び地域の幼児期の教育の支援を行うことが示されている。

　さらに、『幼稚園教育要領解説』（第1章「5　教師の役割」および第3章「6　教師の役割」）には、7点ほど明記されている。

　　①幼児の主体的な遊びを生み出すために必要な環境を整え、その環境の下で幼児に適切に関わる。
　　②幼児が精神的に安定するためのよりどころとなる。
　　③幼児が行っている活動の理解者である。
　　④幼児との共同作業者、幼児と共鳴する者である。
　　⑤幼児の遊びが深まっていかなかったり、課題を抱えていたりするときには、一人ひとりの発達に応じた援助を行う。
　　⑥憧れを形成するモデルや遊びの援助者である。
　　⑦多角的な視点から幼児の姿を捉え、柔軟に対応すること。

　そして、幼稚園教諭としての専門性を磨き、責任を持って日々主体的

に果たすことが示されている。

これらの役割を果たすためには、教育基本法第9条（教員）にあるように、法律に定める学校（公立幼稚園、私立幼稚園を含む）の教員は、自己の崇高な使命を深く自覚し、絶えず研究と修養に励むこと、そして養成と研修の充実が図られなければならないことが示されている。

2　保育士の役割を果たすには

保育士の役割は、児童福祉法（第18条の4）にあるように、①児童（18歳未満）の保育を行うこと、②保護者に対して子育てに関わる支援を行うことである。これは、保育士が勤務する助産施設、乳児院、保育所、児童養護施設、母子生活支援施設、障害児入所・通所施設など、保育士として働くすべての職場で果たすべき役割である。

では、保育所の保育士は、どのような役割を果たすのか。保育所保育指針（第1章「2　保育所の役割」）に4点ほど明記されている。

①保育に欠ける子どもの保育を行い、健全な心身の発達を図ることを目的とし、入所する子どもの最善の利益を考慮する。

②家庭との連携の下に子どもの状況や発達過程を踏まえ、環境を通して養護と教育を一体的に行う。

③入所する子どもの保護者および地域の子育て家庭に対する子育て支援を行う。

④保育士は保育所の役割・機能を果たすため、倫理観に裏づけられた専門的知識、技術および判断をもって、子どもを保育し、保護者に子育てにかかわる支援をする。

これらの役割を果たすためには、保育の現場における学びが必要となる。保育所保育指針（「第7章　職員の資質向上」）に、保育実践や研修を通じて保育の専門性や協働性を高めること、子どもや保護者および職員間で信頼関係を形成していく中で常に自己研鑽に努め、喜びや意欲を持って保育に当たること、さらに、職員の研修については、保育士各自

の課題に応じて園内外の研修を通じて必要な知識や技術の修得、維持および向上に努めることが示されている。

3 保育教諭の役割を果たすには

　保育教諭とは、2015年4月からスタートした子ども・子育て支援新制度下で誕生した新たな職であり、幼稚園教諭免許状と保育士資格を併有する者をいう。幼保連携型認定こども園には、保育教諭を配置することが義務づけられており、その他の幼稚園型・保育所型・地方裁量型認定こども園にも、保育教諭を配置することが望ましいとされている。

　では、保育教諭は、どのような役割を果たすのか。『幼保連携型認定こども園教育・保育要領解説』(第3章「6 保育教諭等の役割」)には、9点ほど明記されている。①〜⑦は、幼稚園教諭の役割と同様である。

　　⑧外国籍の園児やさまざまな文化を持った園児など、それぞれの持つ文化の多様性を尊重し、多文化共生の教育および保育を進める。
　　⑨性別や個人差に配慮し環境を整えるとともに、人権に配慮した教育および保育を心がける。

　これらの役割を果たすためには、保育教諭も幼稚園教諭同様に、自己の崇高な使命を深く自覚し、絶えず研究と修養に励むこと、そして養成と研修の充実が図られなければならない。

4 主体的に学び、成長し続ける保育者

　幼稚園教諭、保育士、保育教諭いずれも、その役割を果たすためには、自己研鑽、研究、修養し、常に学び専門性を高めていく必要がある。保育対象である子どもは日々成長・変化していくものである。その育ちを支え援助する保育者は、自身も職業人として日々成長していくという感覚が必要となる。その背景として、2〜4年の保育者としての養成だけでは、変化のスピードが速いうえに価値観が多様化する状況下での保育の実践が難しいからである。

未来を担う子どもを育てる保育者は、自身の保育者としての成長に喜びや充実感を感じ、意欲を持って日々の保育に当たることが望ましい。

第2節　保育者としてのキャリア形成のための研修

1　保育者の研修体制と研修体系

　研修体制については、幼稚園教諭、保育教諭に関しては、公立の幼稚園教諭、保育教諭であれば、教育公務員特例法（第21条・研修）に、教育公務員は、その職責を遂行するために、絶えず研究と修養に努めなければならず、その任命権者は、教育公務員の研修について、施設を準備し、研修を奨励し、研修計画を樹立し、その実施に努めなければならないとある。採用から1年間の教諭に対する「初任者研修」、在職期間が10年に達した教諭に対する「10年経験者研修」、指導が不適切であると認定した教諭に対する「指導改善研修」等があり、都道府県・政令指定都市教育委員会が実施している。私立幼稚園の教諭に対してはこの法律の適用を直接は受けないが、教育基本法第9条（教員）に定める学校の教員として研修等を実施していくものと理解されている。その他、幼稚園団体などでも研修が実施されている。保育士に関しては社会福祉協議会や保育所団体等でさまざまな研修が実施されている。

　また研修体系については、（財）全日本私立幼稚園幼児教育研究機構が「保育者としての資質向上俯瞰図」を、全国保育士会が「保育士の研修体系──保育士の階層別に求められる専門性」を提唱している。いずれも、初級（初任者）・中級（中堅職員）・上級（リーダー的職員、主任、設置者・園長）など、保育者としてのキャリアステージに応じた研修体系が考えられている。また、子どもの人権、望ましい保育者像、教育・保育理念、子ども理解、教育・保育要領と指導計画、保育の実践、実践の評価、地

域・家庭支援・相談など、保育者として必要な要素が多岐にわたり組み込まれている。

2 保育者としての学び

(1) 日々の保育実践の中で学ぶ

保育者は、子どもの理解者、協同作業者など、さまざまな役割を果たしながら、子どもが発達に必要な体験が得られるよう活動の場面に応じた適切な指導を行い、主体的な活動を促していく。

保育実践の場面では、子どもたちはさまざまな場で自分の興味・関心のあることに取り組み、人やものと関わりながら学んでいる。保育という行為は、時間の流れとともにどんどん展開していき、複雑で多様である。これを振り返り、保育者としての資質を向上させるためには、保育の記録をとることが必要となる。学生の場合は実習記録、保育者の場合は保育実践記録や個人記録などである。実際に保育している場面では、なかなか子どもの思い、子どもに対する関わり、自分の保育のあり方などを振り返れないものである。保育後に記録として言語化し、省察してみることが大切である。その振り返りをPDCAサイクルで、次の保育計画（Plan）に生かし、実践（Do）、実践の記録をして評価（Check）を行い、さらに改善（Action）することを繰り返しながら、保育の質の向上を図る。これは、園内でできる身近でかつ実践力を高める重要な学びである。

(2) 実践を高め合う仲間と共に学ぶ

『幼稚園教育要領解説』（第1章「5 教師の役割」）には、教師の専門性を高め、幼稚園教育を充実するためには、教師間の共通理解と連携体制が重要であり、保育実践記録を基に多様な視点で話し合う方法もあることが示されている。また保育所保育指針（第7章「1 職員の資質向上に関する基本的事項」）には、保育の質を高めるためには、保育実践や保育の内容に関する職員間の共通理解を図り、協働性を高めていく必要性が示されている。保育者一人が担当する子どもや担任するクラスの子どもを保

育する時代は終わり、園全体で全ての子どものことを理解し、保育のあり方について考え合い、職員間で協力し合って保育していくことが求められている。

　幼稚園では保育後の掃除の時間、保育所では休憩時間などに、子どものことや保育について保育者どうし話をするであろう。また、保育研究、事例検討、保育カンファレンスなどという形で、職員間で保育について語り合い、学び合う機会を設けている園もある。これらは、互いの子ども観、保育観について刺激し合う良い機会である。

　その中の一つである保育カンファレンスは、森上史朗（1931～）が「カンファレンスによって保育を開く」において、正解を求めようとせず、自分が実感していることを自由に発言することで、自分の枠を広げ保育者として成長することが期待できると述べ、また、話し合いにおいて相手を批判したり論争しようとしないことで、自分も育ち相手も育つという互いの成長を支え合うことが期待できると述べている［森上、1996］。保育の現場は、果たすべき役割、期待されることが年々増え、多忙な毎日ではあるが、同じ職場の同僚と共に学び合う体制、雰囲気づくりをしていくことが、保育の質を高めるうえで効果的である。

(3) **さまざまな機会に個人の課題について学ぶ**

　自分の課題について学ぶのに、身近な方法としては文献学習がある。図書館や書店には、保育に関するさまざまな本や雑誌があり、自分の知りたいテーマを選択し、読んでみることで学ぶことができる。

　また、保育者を対象とした園外でのさまざまな研修がある。保育公開を伴う研修では、自園以外の保育を参観することで、自分の保育を豊かにすることが期待できる。講演会やシンポジウムでは、保育者としての視野を広げ、幅広い見識を身につけることが期待できる。座学や演習を伴うさまざまなテーマの研修では、保育に関する今日的課題に関する理解を深めたり、日々の実践に生かせる具体的な内容を学んだり、領域に関する専門的な知識や技能について学び、指導力の向上を図ることなど

が期待できる。また、これらの研修に参加し、自園以外の保育者と関わることで、保育者として考え方が広がることも期待できる。

さらに、さまざまな体験を通して子どもたちに豊かな感性を育てるには、子どもに大きな影響を与える保育者自身が感性を常に磨いておく必要がある。例えば、自然体験であったり、芸術鑑賞であったり、自身が音楽・絵画・舞踊・演劇等に取り組んだりすることなどが考えられる。

第3節　保育者としての服務とは

1　保育者の服務とは

保育者として勤務するに当たり、担う義務や制限を服務という。例えば、保育者という立場にいると、子どもやその子どもの家庭環境について深く知ることになる。そのことを、友人などと飲食店で食事をする中で話しているのを、たまたま同じ店にいた同じ園の保護者が聞いており、保護者の中に情報が広まってしまった。また、ピアノを弾くことを得意としている保育者が、仕事後の夜にピアノ演奏のアルバイトを行っており、報酬を受けていた。いずれの例も、保育者としてふさわしい行動とは言えない。

保育者は、未来を担う子どもたちを育てる重要な仕事である。保育者として自分の仕事を誇れるよう、日々の職務に服するべきである。

2　公立の幼稚園・保育所等に勤務する保育者の服務規定

公務員の服務の基準としては、地方公務員法に「すべて職員は、全体の奉仕者として公共の利益のために勤務し、且つ、服務の遂行に当たっては全力を挙げてこれに専念しなければならない」(第30条)とある。

職務上の義務としては、任用に際しては「服務の宣誓」(同法第31条)

を行うこと、次いで「法令及び上司の職務上の命令に従う義務」(同法第32条) とあり、これは職務の範囲を明確にし、個人的な利益のために恣意的にふるまうことを制御している。さらに、「職務に専念する義務」(同法第35条) とあり、勤務時間および勤務上の注意力の全てを、職責を全うするために用いなければならないとある。

身分上の義務としては、以下のように示されている。

①信用失墜行為の禁止 (同法第33条)：信用を失うような行為は職務の遂行を難しくするため、してはならない。

②秘密を守る義務 (同法第34条第1項)：職務上知り得た秘密は漏らしてはならず、それは退職後も同様である。

③政治的行為の制限 (同法第36条)：職務と責任の特殊性から、政治団体に入るあるいは入るように勧誘を行ってはならず、教育・保育に当たっても政治的中立性を堅持しなければならない。

④争議行為の禁止 (同法第37条第1項)：争議行為および怠業的行為をしてはならない。

⑤営利企業等の従事制限 (同法第38条第1項)：任命権者の許可を受けなければ、営利を目的とする私企業の役員になったり、自ら営んだり、報酬を得てはいけない。

3　私立の幼稚園・保育所等に勤務する保育者の服務規定

保育士は、児童福祉法に、「信用失墜行為の禁止」(第18条の21) が規定されており、保育士は、保育士の信用を傷つけるような行為はしはならない。また同法第18条の22に、「秘密保持義務」が規定されており、保育士は、正当な理由なく、その業務上知り得た人の秘密を漏らしてはならず、保育士でなくなったあとにおいても同様とある。

私立園の幼稚園教諭、保育士、保育教諭は、各園で服務規定が定められおり、その規程に従い職務に従事する。これは、公立の保育者の服務規定に準じて作られたものが多いことから、前項も参考にするとよい。

【引用・参考文献】
　岸井慶子『見えてくる子どもの世界——ビデオ記録を通して保育の魅力を探る』ミネルヴァ書房、2013年
　厚生労働省『保育所保育指針解説書』フレーベル館、2008
　全国保育士会『保育士の研修体系——保育士の階層別に求められる専門性』2007年
　(財)全日本私立幼稚園幼児教育研究機構『研修ハンドブック』世界文化社、2008年
　森上史朗「カンファレンスによって保育を開く」『発達』第68号、1996年
　文部科学省『幼稚園教育要領解説』フレーベル館、2008年

（工藤ゆかり）

第12章　保育者と環境づくり

第1節　環境を通して行う保育

1　「環境を通して行う保育」の持つ意味

　幼稚園教育要領、保育所保育指針、幼保連携型認定こども園教育・保育要領に、わが国の保育は「環境を通して行うことを基本とする」ことが明記されている。ここで述べる保育の環境とは、園で生活する子どもとの直接的な関わりを持つ全ての環境を前提としている。環境を通して行う保育は、乳幼児の生活を基盤とした保育である。したがって保育者は、乳幼児がその発達段階に応じて、自らの興味や関心を持って環境と関わり、試行錯誤しながら環境とふさわしい関わり方を身につけることを意図して環境を整えなければならない。

2　生活の場である保育環境を生かす

　長時間子どもが過ごす保育施設の持つ環境の意味は大きい。施設の立地条件、園舎や保育室の構造、園庭の広さ、その採光など施設の持つ建物の特徴は、園によって大きく違う。また人員の配置や子どもの数、送迎バスの有無、保育時間、遊具や道具の種類や数などにも大きく違いがある。さらに、施設の持つ理念や教育方針、保育形態などには、それぞれの独自性があり、一日の流れや子どもの過ごし方もさまざまである。保育者は施設の持つ環境の特性をよく理解し、それらを総合的に見てどのように生かせるのか、創意工夫することが求められる。

例えば、広い自然豊かな園庭があっても、日々学習や訓練のために保育室で過ごすのでは、環境が十分に生かされているとは言いがたい。むしろ園庭がなくても、毎日散歩に出かける公園や、散歩の途中で寄るペットショップや商店街のほうが、豊かな園庭になるかもしれない。多くの絵本があっても、それをいっしょに読んだり、見守ってくれる保育者がいなかったら、絵本が身近な環境とは言えないだろう。数少ない絵本でも、保育者が大切に扱い、子どもとともに繰り返し読む、家庭への貸し出しをするなど工夫することで、子どもにとって真の身近な環境になる。またあるときは、砂場にあるままごとセットより、庭に落ちていた石が魅力的な遊び道具になるかもしれない。保育者は、生活の場にある環境を生かし、子どもが心を動かし、おもしろいな、やってみたい、と遊び込める環境づくりをすることが求められる。

第2節　豊かな保育環境とは

1　子どもの遊びと保育者の存在

　子どもの成長・発達は、遊びを通した体験の積み重ねによって得られる。子どもの遊びは、なんらかの形で、ものや人を媒介として発展していく。本来、子どもにとっての遊びは、大人から強制されたものや、褒美を期待したものではない。遊び自体が目的であり、その過程で環境に能動的に働きかけながら、達成感を覚えていく。この遊びへの子どもの興味・関心は、子どもによって違いがあるため、保育者は遊びを進めていく子ども一人ひとりを認め、「安心」して環境に関わり、好奇心や探求心が増幅できるよう、遊びの意図を読み取りながら応答的に関わることが必要である。また、子どもが友達との関わりの中で互いに刺激し合い、さまざまなものや事柄への興味や関心を深め、友達と十分に関わっ

て遊びを展開できるように配慮することが必要である。

2　仲間とともに創る保育環境

　保育者は子どもにとって、安心して寄りかかれる避難所であるが、子どもの仲間になりきることはできない。保育者はその立ち位置によっては、大人の権威がその場を支配してしまう可能性があることを自覚して、子どもどうしが仲間の中で育ち合う機会を大切にしたいものである。

　子どもは新しい集団に入った当初は、周囲を見ながらの一人遊びが多いが、慣れてくると複数で遊ぶようになり、やがて争いや葛藤を経験する。その過程で相手の痛みや思いを理解し、自らを形成しながら成長していく。

　中央教育審議会の答申「子どもを取り巻く環境の変化を踏まえた今後の幼児教育の在り方について」（2005年）では、「幼稚園等施設において、小学校入学前の主に5歳児を対象として、幼児どうしが、教師の援助の下で、共通の目的・挑戦的な課題など、一つの目標を作り出し、協力工夫して解決していく活動を『協同的な学び』として位置付け、その取組を推奨する必要がある」としている。実際に子どもたちは「みんなで仲よく」「みんなで話し合って」と言われても、すぐにその意味を理解できない。日々の生活や遊びの中で「自らの思いを口に出す」「人の話を聞く」という体験の繰り返しの中で、互いの違いやよさに気づき、認め合

新聞紙で音を研究する

大好きなお話に聞き入る

友達といっしょだと楽しいな

年長・年少と協力したよ

う過程を大切に育てたい。そしてなによりも、「友達といっしょで楽しい」「自分たちは仲間である」という思いの繰り返しが「協同的な学び」の基になり、将来の人間形成へと大きく関わるのである。

例えば「運動会」の行事一つとっても、「テーマは何にするのか」「当日の役割はどうするか」「どのような競技をしたいのか」など、子どもどうしで話し合う機会はたくさんある。保育者には、こういった子どもどうしが共に協力し合う過程を見守り、援助する役割が求められる。その姿は、年下の子どもたちもよく見ていて、「仲間と協同する喜び」は園の文化になっていくのである。

3 保護者と共に生きる保育環境

子どもの日常生活は、家庭と園を行き来する連続である。かつては家庭で過ごす時間が多かった子どもたちも、2014年度の国民生活基礎調査の「末子の年齢階級別にみた母の仕事の状況」によると、0歳児での母親就労は正規就労（21.3％）、非正規、その他就労（13.4％）計34.7％であり、2009年度の計約29％を大きく上回っている。このように、近年、子育てや家族のあり方に変化が生じていると言える。そのような中、子育て家庭が孤立せずに安心して子どもと向き合えるように、園が支援することが求められる。

いつの時代であっても、保護者はわが子の成長に多くのエネルギーを

安心してすやすや　　　　　　　ねえ、遊ぼう

費やし、その成長を誰よりも願っており、わが子についての一番の理解者である。保育者は、そういった保護者の気持ちを尊重しながら、共に子育てを担う意識を持たなければならない。そして、子どもが園生活において、成長の過程で必要な経験を味わっている姿を保護者に伝え、保護者の思いを受け止めながら、共に成長を楽しみに歩むことが求められる。また、園で子どもが好む遊びや歌、体操やゲームなどを紹介して、子育てが楽しくなる話題や方法を提供することで、子どもの保育環境が家庭とつながり広がっていく。さらに、問題を抱えている保護者には、地域の療育機関、医療機関、児童相談所、保健センターなどを紹介し、共にそれらの機関と連携しながら保護者を支えていくことが必要である。

4 地域社会と共に生きる保育環境

(1) 地域社会との連携

　園は地域と共に暮らしている。園が出す騒音などにも留意して、日頃の地域の人々からの温かい見守りに感謝しなければならない。

　従来、園と地域の連携として、運動会や節分などの行事や、高齢者施設の訪問などが行われてきた。昨今では、地域の伝統文化である和太鼓や獅子舞いなどを披露してもらう、日本の伝統の遊びを教えてもらうなども盛んに行われるようになった。また、地元の人とともに野菜栽培をする、清掃活動を行うなどの交流や、消防署見学、商店街見学などで、

子どもたちが地域で働く人々の姿に触れる実践も盛んになっている。地域のさまざまな力をもらい、地域と共に生きることは、子どもが多くの環境に触れるだけでなく、園全体の活性化ともなる。

　近年、わが国における外国人登録者は増えている。そういった中、多文化保育を実践し、広い視野を持つためにも、海外の料理を紹介する、言葉を習うなどの交流の機会を設けることも大切だろう。

(2) 保育所・幼稚園・小学校との連携

　現在、地域の幼稚園や保育所どうしの交流が広まり、ドッジボール大会、レクリエーション大会や合同遠足を行うなどの交流が盛んに行われるようになった。小学校との交流では、小学校を訪問して1年生の授業に参加する、高学年の児童と遊ぶ、学校の先生と話をする、小学生が園に遊びに来る、などが行われ、兄弟姉妹がいなくても、自分の将来の姿をイメージすることが可能になった。このような交流や訪問は、保育者がその意図を把握し、地域と連携しながら詳細に計画することで、子どもにとって意味あるものとなってくる。

第3節　環境を計画的につくる保育の展開

1　生活するための健康で安全な環境をつくる

　保育者が見通しを持った計画を立てることで、子どもがいま行っている経験の意味を理解し、発達を促す関わりや環境構成を考えることが可能になる。保育を展開するには、まず子どもの健康と安全を守ることが重大な責任であり基本である。生活環境の中の、空気の汚染や土壌の汚染、騒音、建物の塗料や化学物質、はやっている伝染病など全てを把握して、安全な環境を設定しなければならない。また、子どもは温かな雰囲気の中で「食事」「排泄」「睡眠」「着脱衣」「清潔」などの基本的な生

活習慣を身につけ、健康増進することが保障されなければならない。音環境は、外部の音だけでなく、一日中子どもが泣き叫ぶ声や保育者の大きな声なども含めて考えるべきであろう。

2　ゆとりのある環境をつくる

　子どもは、安心できる環境の中で、自己を発揮して活動できる。その過程で「自分が生きていること」「生活すること」を実感していく。子どもが「生きる」実感をするためには、保育者が生活の中で「太陽の暖かさ」「かぐわしい匂い」「走った気持ちよさ」「給食がおいしい」など、いっしょに感じ味わうことも大切だろう。この生きる実感は言葉で教えるものではなく、生活の中で子どもの身体から湧き出るものであり、共に味わうことでそれが喜びとなる。したがって、生活には「ゆとりある時間」が必要となる。乳幼児期に子どもは「ゆとりある時間」を過ごすことで、今しか得られない将来へ向けての力を蓄えているのである。

3　遊びの環境をつくる

(1) 戸外環境をつくる

　天候が良ければ、思いっきり外で遊べる環境を用意したい。子どもは本来、広い空間である外遊びが好きである。鬼ごっこ、ボール遊びや縄跳び、基地ごっこ、ままごと、砂場遊びや写生など、戸外で思いっきり遊べる環境を設定する。そこでは木や草花、水、虫や鳥や小動物、石や砂など、自ら調べ、工夫して遊びに取り入れる環境が必要である。例えば、テント遊びのためのシートやござ、泥団子作りのための水の準備など、子どもがこの時期にしかできないことを体験し、遊び込める環境を用意したいものである。

(2) 室内環境を作る

　天候が悪い日、暑さ・寒さが厳しい日などは、部屋で自分の活動を展開できる環境を用意したい。制作コーナーの傍に素材や道具があるなど、

子どもの動線を考えて机や棚や物を配置する必要がある。子どもが、お化けコーナー、劇コーナーなど創意工夫してコーナーつくりができるような環境を準備したい。保育者は常に、素材、教材研究をして、子どもに知識や技術を提供できる存在でありたい。また、制作品や道具の扱いも大切な環境となることを忘れないようにしたいものである。

コーナーの環境例

ままごとコーナー、人形コーナー、車や電車コーナー、ブロック、ラQ、カプラコーナー、粘土コーナー、折り紙、お絵かきコーナー、積み木コーナー、制作コーナー、木工コーナー、パズルコーナー、生き物コーナー、絵本コーナー

道具（4，5歳児）の環境例

自分で責任を持って使う道具	保育者の見守りや援助によって使う道具
のり、はさみ、セロテープ、クレヨン、マジック、絵の具、鉛筆、色鉛筆、絵の具、筆、筆洗いバケツ、マジック、粘土、粘土板、自由画帳、定規	段ボールカッター、ホッチキス、鉛筆削り、のこぎり、ニス、裁縫セット、ビーズ、電池虫眼鏡、懐中電灯、鏡

素材（元になる材料）の環境例

素材	再利用できる素材	自然物
画用紙、和紙、折り紙、ケント紙、模造紙、紙テープ、お花紙、ティッシュなど	スーパーの袋、段ボール、トイレットペーパーの芯、新聞紙、広告の紙、箱、牛乳パック、ヤクルトパック、ビニル、毛糸、布、不要の衣類や靴下、木片、フィルムケース、フェルト、瓶	どんぐり、木や草の実、木の枝、葉、茎、花びら、石、貝、わら、種

○自然物は保育室に季節感をもたらす。それらを使った子どもの手による壁面づくりは、より豊かな飾りになるだろう。
○布は生活の中に生きている。色や形、その柔らかさや温かさを知ることができ、子どもの夢をそそるだろう。

第4節　保育の振り返りと評価

1　保育の振り返り（記録すること、話し合うこと）

　保育を実践後、保育中における環境設定や子どもへの関わり、保護者や同僚への関わりを振り返ることは大切なことである。通常の振り返りの方法として、日誌を書く、事例を書く、報告書を書くなどの「記録を書く」と、職員間で「話し合う」という2つの方法がある。保育者は記録を書くことで、自分の保育を整理し、足りなかったことを補い、翌日の保育へとつなげることができる。しかし、それだけでは客観的に自分の保育を振り返ることは難しい。例えば、いざこざがあったとき、自分は子ども一人ひとりに公平に接していたつもりでも、他からは不公平に見えたかもしれない。遊びを提案したつもりが、遊びを妨げていたかもしれない。その日を振り返りながら他の同僚や先輩の話や意見を聞くことで、自分の保育を広い視野で見つめ直すことができるのである。

2　保育の評価　（子どもに対する評価と保育実践に対する評価）

　保育実践には、必ず評価が必要である。評価には「子どもに対する評価」と「保育実践に対する評価」がある。子どもに対する評価は、その子どもが前の時点と今の時点でどれだけ成長したのか、その子自身を比べる評価をすることで成長が見える。また、事例記録やポートフォリオなどを用いて子どもの経験が見えるように整え、その歩みの軌跡をたどることで、保育者がその子どもをどこまで理解していたのか、子どもへの援助は適切であったのか、自らの保育実践を評価することができる。保育の評価において、子どもの育ちの評価と保育実践の評価は互いに深く結び付いていると言える。そして、保育を評価することが、さらなる保育実践につながるのである。

【引用・参考文献】

厚生労働省「平成26年国民生活基礎調査」2014年

佐藤和順ほか「保育者のワークバランスが保育の評価に与える影響」『保育学研究』52（2）、2014年、pp.243-254

全国社会福祉協議会編『新保育所保育指針を読む──解説・資料・実践』全国社会福祉協議会、2008年

新里由美「小学校教育へつながる学びの芽を育てる援助の工夫 ──協同的な活動を通して」『沖縄県立総合教育センター 後期長期研修員第53集 研究集録』2013年、pp.1-10

文部科学省『幼稚園教育要領解説』フレーベル館、2008年

（持田京子）

第13章　保育者の協働

第1節　保護者との協働

1　保護者の二面性

　2008年に告示された幼稚園教育要領では、子育て支援と預かり保育の位置づけが明確にされ、幼稚園が地域におけるセンター的役割を担うことが述べられている。同様に保育所保育指針においても、「保護者に対する支援」という章が新設され、園の保護者だけではなく地域全体への家庭支援も、保育所の業務として規定された。また、認定こども園の認定基準にも、地域における子育て支援の実施が盛り込まれている。

　このように保育者に対し、園内外の保護者への支援が強く求められるようになった背景には、現在、社会全体が子どもを産み育てにくい状況に陥っているという事情がある。0～15歳の子どもを育てている人に対するアンケートの結果によれば、子育てをしていて負担・不安に思うことや悩みがある人は、男性の7割弱、女性の8割弱にも上り、その解決に向けて、安心して保育サービスを利用できることが必要と、約9割の人が挙げた［厚生労働省、2015］。

　かつて、子育ては、親だけでなく親族や地域社会全体で行ってきたが、現代社会では、親族や地域の結び付きは弱まり、子育ての苦労を分かち合うことが難しくなってきた。子育ての専門職である保育者には、かつて親族や地域が担っていた役割を引き受けることが求められるようになったのである。

このため、保護者支援では「援助」の側面が強調され、保護者は「被援助者」と見なされることが多い。しかしその一方で、保育者にとって保護者は、子育てという目標に向け、対等な立場で協働する「協力者」でもある。保育者は、保護者一人ひとりと協働することもあれば、保護者会や育児サークルなど、保護者たちで組織した団体と協働することもある。

　例えば、送迎の際の立ち話、連絡帳、お便りなど、日常のちょっとした機会を利用して、園と家庭での生活の状況を伝え合い協力し合うことは、どの園でも行われている。保育者は、家での様子を聞くことで、保護者が抱える悩みや不安などを具体的に把握すると同時に、わが子にかける思いを読み取ることができる。一方、保護者は、クラス活動中のわが子のエピソードを聞くことで、保育の内容だけでなく「ねらい」やそれにこめられた保育者の願いにまで思いをはせることができるようになるであろう。このような語り合いを通じて、信頼に基づく協力関係が築き上げられ、一人ひとりの子どもについての共通理解の下に協働することで初めて、「質の高い保育」と「質の高い子育て支援」が可能となるのである。

2　園内の保護者との協働

　入園が決まった時点から、保護者との協働が始まる。まず、入園時の説明会や面接で、園の方針を理解してもらい、園生活に必要な準備をお願いすることになる。子どもにとって使いやすく、園生活がスムーズに進められるよう、こまごまとした持ち物をそろえ、その一つ一つに記名する作業をお願いする。成育歴や予防接種の状況など、子どもに関する情報や保護者の連絡先など、さまざまな書類も作成してもらわねばならない。入園後も、しばらくの間「慣らし保育」を行い、保護者に早めに迎えにきてもらったり、家での様子を観察してもらったりする園が多い。

　園生活に慣れてくると、保護者とは、送迎時や連絡帳などでのやり取

りが中心となる。特に、乳児保育、長時間保育（延長保育や夜間保育）、体調不良時の保育（病児保育・病後児保育を含む）、障害のある子どもの保育において、保護者との協働は、保育の質を高めるうえで極めて重要だ。一日の生活の流れやリズムを共通理解し、食事・排泄・睡眠の状態について細かく情報共有しなければならない。園と家庭での生活の状況を細かく伝え合うことで、園生活と家庭生活の双方の流れがスムーズになるだけでなく、保育者も保護者も一人ひとりの子どもへの理解を深めていくことができるのである。

3　地域の保護者との協働

保育所保育指針では、「保育所の社会的責任」として、園が子育てのための重要な社会資源として、社会的な信頼を得て、地域の人々に広く認識してもらえるよう努めることが掲げられている。保育者に対し、園内のみならず、地域の保護者の支援も求められるようになった背景には、虐待のリスクが相対的に高くなる3歳未満児では保育サービスの利用率が低いことや（**図表1**参照）、保育サービスを利用しにくい在宅で子どもを育てている母親のほうが子育ての負担感が強いこと（**図表2**参照）などが挙げられる。

地域子育て支援は、1990年代よりさまざまな形で模索されてきたが、

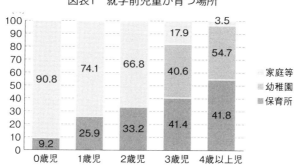

図表1　就学前児童が育つ場所

出典：厚生労働省雇用均等・児童家庭局総務課少子化対策企画室資料、2012年を基に作成

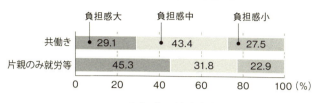

図表2　女性の子育ての負担感

出典：[こども未来財団、2001] を基に作成

現在では、「地域の子育て拠点としての機能」および「一時保育」の2種類に大別される。このうち前者については、さまざまなサービスが「地域子育て支援拠点事業」として再編・統合され、制度的基盤も明確なものとなった。

この地域子育て支援拠点事業では、乳幼児の親子の交流、育児相談、情報提供を行うほか、さまざまな子育て支援組織と連携することで、地域全体で子育てを支えることを目指し、現在、全国6000カ所以上で展開されている。その実施場所は、保育所や児童館などの公共施設に併設されていることもあれば、商店街の空き店舗、民家、マンションの一室など、さまざまな場で多彩な活動が行われている。さらに、拠点にとどまることなく、支援者のほうから出向く「アウトリーチ」もなされている。親子が集う場を常設することが困難な地域では、一時的にスペースを借りて「出張ひろば」を催したり、外出の困難な家庭への訪問支援を行ったりしている。さらに、地域子育て支援サービスの存在を知らない保護者に対して広く周知するために、子育て親子が多く集まる場である乳幼児健診の場で、健診の待ち時間などを利用して「出張ひろば」を開催することで、地域子育て支援拠点へとつながるよう働きかけている自治体もある。

以上のように、地域子育て支援拠点では、基本事業として、①子育て親子の交流の場の提供と交流の促進、②子育て等に関する相談・援助の実施、③地域の子育てに関連する情報の提供、④子育ておよび子育て支

援に関する講習会等が実施される。その方法については、次節で述べることとする。

第2節　地域社会における協働の方法

1　交流の場の提供と交流の促進

　子育て支援では、保育者などの専門職、子ども、保育者という特定の人間関係の中だけで行われるだけではなく、地域のさまざまな年代の人々が関与することで、交流の輪が広がり、支える側も支えられる側も豊かな経験を得られる。そのためには、園が地域に開かれた社会資源として地域住民にも認識してもらえるよう、子育て世代以外のさまざまな立場の人たちと関わる機会を作り出し、地域交流を盛んにしていくことが求められる。

　具体的な方法としては、①園行事（夏祭り・焼き芋会など）に地域の人を招いたり、地域の伝統行事（おみこしなど）に参加したりする方法、②地域の人々や大学生にボランティアとして登録してもらい、それぞれの持ち味を生かしながら活動してもらう方法、③中学校や高校の授業の一環として体験学習を受け入れること、などが挙げられる。

　例えば、中高年層のボランティアは、豊かな人生経験から得られる知恵の数々を伝えてくれるであろう。また、中学生・高校生・大学生の場合、親世代よりも子どもに近い感覚を持っているため、子どもと真剣に向き合って遊ぶことが予想される。このことは、単なる交流にとどまらず、次に親となる世代の母性や父性を育む、次世代育成支援という側面もある。実際、文部科学省では、保育所での体験学習を通して、将来、親になる中・高生たちの子育て理解学習の必要性を打ち出している。

　ただ、それぞれ世代が異なるために、人々の間で価値観の違いがあら

わになり、戸惑うこともあるだろう。保育者には、交流事業に参加している人々を「つなぐ」役割が期待される。

近年、園と地域住民との騒音トラブルが、マスコミでもニュースとして取り上げられるようになった。地域に開かれた園を目指すことが、こうしたトラブルを未然に防止することにもつながるであろう。

2　子育て等に関する相談・援助

子育てには、困りごとや迷いがつきものであるが、顔見知りになった人と話すだけでも、気分が晴れたり、解決の糸口がつかめたりすることが多い。地域子育て支援では、こうしたなにげない会話が、相談・援助として機能している。ただし、不適切と思われる養育や、子どもに障害が疑われる場合など、専門家と連携しながら対応したほうが望ましいこともあるため、支援の限界を自覚し、専門家につないでいくことが重要である。保育者だけでは対応しきれない場合は、臨床心理士などの専門家が巡回することで、保護者が身近な場で専門的な相談を行うことができる機会も設けられているので、利用を促したい。

3　子育てに関連する情報の提供

子育てを楽しむためには、保護者自身がサービスを選択し、使いこなすことが必要である。子どものけがや病気に丁寧に対応してくれる医療機関やかかりつけ医、子連れでも歓迎してくれる店やカフェ、安全に遊ぶことができる公園などさまざまな地域資源がある。地方自治体では、子育てハンドブックやチラシを発行したり、ホームページで告知したりしている。ただし情報提供だけでは、保護者にとって、サービスの使い勝手やスタッフとの相性まで予想することは難しい。そのようなとき、体験者の口コミは参考になることが多い。経験者の声を基に体験レポートふうの記事にしてみたり、書き込みスペースを設けてみたりするなど、双方向型の情報提供も試みられている。また、保護者どうしでなにげな

いおしゃべりをしているときに話題に上げるなど、保育者が保護者の会話を仲介し、直接的に教え合う機会を設けるのも有効である。

4 講習会等の実施

離乳食の作り方、リトミック、アロマテラピーなど、さまざまな講習会が催されている。講師として専門家を招くこともあれば、保護者が特技を生かして行う場合もある。外国籍の親子がいる場合などは、その国の料理や遊びなどを披露してもらう形で講習会を開催することで、お互いにコミュニケーションがとりやすくなることもある。

第3節 さまざまな子育て支援者との協働

1 家庭的保育者との協働

地域型保育事業が創設され、0～2歳の子どもを対象とする「家庭的保育事業」「小規模保育事業」「居宅訪問型保育事業」などが、2015年よりスタートした。その担い手となることが期待されているのが「家庭的保育者」である（「保育ママ」「家庭福祉員」「ベビーシッター」など、自治体により呼び名はさまざまである）。

家庭的保育者の資格は、一定の資格（保育士、教員、看護師など）を満たしているか、あるいは自治体が主催する研修を受講するなどの条件をもとに、市区町村が認定する。小学校就学前の乳幼児を対象に、1日につき8時間を原則とする保育時間に、1人の家庭的保育者につき3人以内（補助者を雇用した場合は合わせて5人）まで預かることができる。

家庭的保育者による保育は、少人数で家庭に近い状態で行われるというメリットがある一方で、家庭的保育者自身が休憩や休暇を取りづらかったり、大がかりな準備を必要とする活動や行事は難しいというデメ

リットもある。これを解消するために、家庭的保育者と協働する「連携保育所」を定めている自治体もある。

連携保育所となった園では、家庭的保育者に対してさまざまなバックアップ体制をとっている。例えば、①家庭的保育者に対し、情報提供や相談を行ったり、②家庭的保育者の休暇時等の代替保育や、保育時間を超えた場合の延長保育を実施したり、③保育活動や園行事への参加、などが行われている。

2　子育て支援員との協働

子育て支援員とは、自治体等が実施する基本研修と専門研修を修了し、子育て支援に携わるのに必要な知識や技術を身につけていると認定されている者を指す。専門研修は、地域保育、地域子育て支援、放課後児童、社会的養護の4コースから選択できる。地域の人々を幅広く登用することを目指し、2015年に創設された制度である。

3　ファミリーサポート提供会員との協働

多くの地方自治体では、ファミリーサポートセンターが設置され、子どもを預かってもらうことを希望する「依頼会員」と、預かりを行う「提供会員」との間の連絡・調整を行う形で、有償ボランティア活動への支援が行われている。

ファミリーサポートの主な活動内容としては、①園までの送迎、②保護者の病気や冠婚葬祭等の場合の預かり、③保護者自身のリフレッシュの際の預かり、④病児・病後児の預かりなどがある。

園の保護者が送迎サービスを利用する場合、保育者は、家族以外の人との間で子どもの受け渡しを行うことになる。トラブルを予防するためにも、依頼会員である保護者とは事前に「誰と、いつ、受け渡すのか」について綿密に打ち合わせ、援助会員の会員証などの証明書類を確認する等の手続きを明確にしておく必要がある。

4　児童委員との協働

　虐待が疑われる家庭など、地域全体での対応が必要なケースの場合、「要保護児童対策協議会」などを活用し、さまざまな人々と協働を行う。この中で協働する機会の多い関係者として、地区担当の児童委員が挙げられる。

　児童委員とは、厚生労働大臣から委嘱された非常勤の地方公務員であるが、給与の支給はなく、ボランティアとして活動し、民生委員を兼務している。身近な地域において、子育ての心配事などさまざまな相談に応じ、行政をはじめ適切な支援やサービスへの「つなぎ役」としての役割を果たすとともに、子どもたちや子育て世帯の見守りや安否確認なども行っている。また、一部の児童委員は、児童に関することを専門的に担当する「主任児童委員」の指名を受けている。

5　子育てサポーターとの協働

　2006年の教育基本法の改正を受けて、各地で「家庭教育支援チーム」が組織され、子育てサポーター等により、小学校区を範囲とする身近な地域において、子育てに関する情報や学習機会の提供、相談体制の充実をはじめとするきめ細かな家庭教育支援を行っている。具体的な活動内容としては、「情報誌の作成による情報提供」「保護者がニーズに応じて参加できるイベントの実施」「保護者が自由に交流したり、相談できる場（居場所）の提供」などがある。

【引用・参考文献】
柏女霊峰・橋本真紀『保育者の保護者支援〔増補版〕』フレーベル館、2010年
厚生労働省『保育所保育指針解説書』フレーベル館、2008年
厚生労働省編『厚生労働白書〈平成27年版〉』日経印刷、2015年

（財）子ども未来財団「平成12年度子育てに関する意識調査報告書」2001年
『ちいさいなかま』編集部編『いい保育をつくるおとな同士の関係』ちいさいなかま社、2010年
渡辺顕一郎・橋本真紀編著『詳解 地域子育て支援拠点ガイドラインの手引き──子ども家庭福祉の制度・実践をふまえて〔第2版〕』中央法規、2015年

（二宮祐子）

第14章 保育者と専門機関との連携

第1節 専門職との連携

1 園内で働くさまざまな専門職

(1) 幼稚園で働く専門職

　幼稚園に勤務する教職員としては、学校教育法第27条に基づき、教諭などの幼稚園教諭免許状を有している教員の他に、栄養教諭や養護教諭など幼稚園教諭免許状を有しない専門家が配置されていることもある。

　栄養教諭とは、食育基本法が制定された2005年に設けられた教員の職名であり、児童の栄養の指導や管理を行っている。また、栄養教育の推進なども職務としており、今日、朝食を抜きに登園してくるなどの幼児期の子どもの食に関しての問題がクローズアップされる中で、栄養に関する専門家として教育現場に寄与する影響は大きい。栄養教諭として働く教員は、栄養教諭免許状の専修免許状、一種免許状、二種免許状のいずれかを取得している。栄養教諭免許状の取得には、管理栄養士や栄養士の資格を取得していることが前提となっている。

　養護教諭とは、養護をつかさどる教員であり、保健室において幼児のけがや病気などの応急処置を行ったり、健康診断などの保健について指導を行う教員である。養護教諭は、養護教諭の教職課程を卒業する場合の他に、保健師の免許取得者が所定の単位を取得することで、養護教諭二種免許状を取得できるしくみとなっている。

　教諭として勤務する教員の中には、特別支援学校教諭免許状を取得し

ている者も存在する。これは、特別支援学校教諭免許状の取得要件として、幼稚園教諭免許状を有していることが要件の一つとして存在するからである。つまり、幼稚園教諭として勤務している教員の中にも、特別支援の分野に詳しい者が、少しずつではあるが増えてきている現状がある。

また、幼稚園の組織として、近隣の医師や歯科医師を園医として委嘱して、健康診断や歯科健診で連携をとったり、保育中のけがなどが発生した場合の良きアドバイザーとして園運営に欠かせない存在となっている。さらに、心理専門職が非正規職員の相談員として、定期的に保護者の相談業務に従事したり、教職員の相談に従事したりして、幼稚園を縁の下で支える役割をしている。

(2) 保育所で働く専門職

保育所に勤務する専門職としては、児童福祉施設の設備及び運営に関する基準第33条によると、保育所には、保育士、嘱託医、調理員を置かなければならないことが定められている。さらに、児童福祉施設最低基準の一部を改正する省令附則第2項の規定には、乳児4人以上を入所させる保育所に係る保育士の数の算定について、当分の間、当該保育所に勤務する保健師又は看護師を、1人に限って保育士とみなすことができることとされている。さらに、2015年の「児童福祉施設最低基準の一部を改正する省令及び家庭的保育事業等の設備及び運営に関する基準の一部改正する省令」により、准看護師も保育士とみなすことができるとされた。つまり、乳児4人以上が入所している保育所の中には、保健師または看護師、准看護師が職員として勤務している保育所も存在するのである。

つまり保育所には、保育士資格を取得した職員の他に、調理員として栄養士を配置したり、乳児の入所に伴って看護師、准看護師、保健師を配置したり、保育士ではない資格・免許を有している職員も働いている。

栄養士が配置されている場合、調理員という役割や栄養指導を実施す

る職員という役割で働いている場合がほとんどである。保育所も、2005年に制定された食育基本法に基づき、幼稚園同様に食育の推進を行い、食育指導や啓発を実践することになっているため、栄養士の役割は大きい。

　また、調理員の中には、調理師免許を持っている者もいる。栄養士や他の調理員とともに、質の高い給食の提供に大きな役割を果たしている。さらに、看護師、准看護師、保健師が配置されている場合は、乳児を保育している場合の職員という位置であるが、多くの保育所の場合は、保健指導や養護としての保健の専門家としての役割を果たしている。

　幼稚園と同様に、近隣の医師や歯科医師を嘱託医として委嘱し、健康診断や歯科健診をはじめ、日頃の保育における医学の専門家としてアドバイザーの役割を果たしてもらっている。

2　園内の専門職との連携

(1) 栄養指導

　食に関する指導や相談は、栄養教諭や栄養士などの専門職が行うことがふさわしい。保育の場面での、食に関する話や紙芝居など、専門職の教職員に話をしてもらうことで、子どもたちにとってもさまざまな人と触れ合えるため、行事などで、食に関してのお話を専門職に任せてみることも大切である。さらに、栄養教諭や栄養士が、保護者からの食に関わる相談を受ける機会を設けることも、園内の専門職との連携という意味では有効である。

(2) 保健指導

　健康、疾病などの相談については、養護教諭や保健師、看護師などの専門職が行うことが重要である。さらに、保健指導の際に、手洗い、うがい、病気、けがなどのことを、専門職の教職員に視聴覚教材等を使って話をしてもらうことは効果的である。さらに、保護者からの保健に関する相談も、保健指導という一環で養護教諭や保健師、看護師等が専門

的知識を用いて実施することで、相談の質の向上が図れる。

第2節 専門機関との連携

1 地域の専門機関

(1) 児童相談所

　児童相談所は、児童福祉法第12条に基づいて、都道府県、政令指定都市や中核市に設置されている児童福祉に関する専門機関である。児童のさまざまな問題について、学校や家庭から相談を受け付けたり、児童の家庭について、必要な調査、ならびに医学的、心理学的、教育学的、社会学的および精神保健上の判定を行うことなどを役割としている。児童相談所には、児童福祉司、心理判定員といった職員が働いている。

　幼稚園や保育所において、保護者による児童虐待などの疑いがある場合、児童相談所に通告することが義務づけられているため、児童相談所をはじめ、関係諸機関との連携の下、対応が求められる。また、障害のある子どもが幼稚園・保育所に通園している際には、児童相談所との連携によって、保育のあり方を検討する。

(2) 福祉事務所

　福祉事務所は、社会福祉法第14条に基づいて、都道府県および市（特別区も含む）に設置されている福祉に関する事務所のことである。生活保護の受給に関わることから、児童手当、児童扶養手当、特別児童扶養手当などの支給に関すること、さらには、老人福祉のさまざまな手続きなど、福祉全般にわたって専門的な業務を行っている。職員の中には、社会福祉主事として福祉に関する事務に従事する者もいる。基本的には、都道府県が設置した福祉事務所が、管轄町村の福祉行政を担当するが、町村は条例を用いて、福祉事務所を設置することができる。

幼稚園や保育所は、育児相談等で金銭面での相談を受けた場合、生活に困った家庭や子どもに対する手当のことを知らない保護者もいるため、福祉事務所を紹介し、さまざまな福祉制度を活用するという方策も紹介するとよい。

(3) 保健センター

　保健センターは、市町村に設置されている行政機関である（市町村によって名前は異なる）。市町村は母子保健法に基づき、医師、歯科医師、助産師もしくは保健師による保健指導や健康診査、保健師などによる訪問指導、栄養摂取に関する援助などを行っており、保健センターは、同法に基づく指導・支援を担っている専門機関である。多くの保健センターでは、市町村職員である保健師が常駐している。

　幼稚園や保育所で、養育上あるいは発育上で気になる子が通園している場合は、保健センターと連携をとりながら、子どもの状況の全体像の把握に努める必要がある。ただし、個人情報保護法の観点から連携が限られるケースが多いため、関係諸機関と連携をとりながら、総合的に子どもの支援を行っていく必要がある。

(4) 家庭児童相談室

　家庭児童相談室は、福祉事務所の中に設置しなければならない機関として位置づけられている。特に、児童家庭相談援助を行う専門機関として、家庭児童相談員や社会福祉主事がその任に当たっている。児童虐待の相談で比較的軽いケースについては、市や区の相談窓口としての役割も果たしている。児童福祉に関する関係諸機関のコーディネートの役割も発揮しているため、保育所や幼稚園で家庭児童相談室と連携を求めることで、さまざまな専門機関と連携をとって対処してくれる側面もある。

　家庭児童相談室も、幼稚園、保育所との連携を密にし体制を整えたいという考え方で運営されている。

(5) 教育センター

　各地域には、教育委員会が設置した教育センターが存在する。地域の

学校の教職員の研修を行ったり、教育相談や発達相談を実施したりしている。相談部門には、心理士が常駐していたり、教育の専門家が非常勤で相談の担当をしたりしているが、このような相談の場を連携先として求めることも大切である。

さらに、最近は、幼稚園・保育所・小学校の連携が重要になってきているが、教育センターの研修を通じて、全ての教職員が連携できるように、積極的に研修に臨むことも大切である。

(6) 教育委員会

市区町村などの自治体の教育行政を担当する部署として教育委員会が存在する。転園時の手続きや研修などで関わることがある。さらに、保育内容という面で、子どもたちが教育委員会主催の行事に参加し、連携を深めることで、保育の質が向上したり、地域住民との交流が持てたりすることができる。さらに、教育委員会管轄で、学校内に「きこえの教室」「ことばの教室」（言語障害通級指導教室）のように、聴覚や言語に関する相談や指導を行っているところも存在する。

(7) 小学校

幼稚園教育要領や保育所保育指針、小学校学習指導要領などで、幼保小の連携が述べられている。保育所・幼稚園から小学校への接続を円滑にするために、小学校の児童や教職員との交流・連携が重要となっている。2008年の保育所保育指針改定に伴って、それまで、幼稚園しかなかった要録を「保育所児童保育要録」として保育所から小学校へ子どもの育ちを伝えるための書類が作成されるようになった。

また、小学校教諭に幼稚園・保育所の保育内容をより理解を深めてもらうために、研修として保育体験を取り入れた地域や、小学校教諭と幼稚園教諭、保育所保育士の合同研修会を行っている地域が存在するなど、交流や連携の実践が各地で行われている。

(8) 民生・児童委員

児童福祉法第16条で、児童委員を市町村の区域に置くことが定められ

ている。また、民生委員法に基づく民生委員が児童委員に充てられることが定められている。よって、民生委員が児童委員の職務を行い、児童や妊産婦の生活や取り巻く環境の状況を適切に把握したり、保健その他福祉に関し、サービスを適切に利用するための情報提供や援助・指導を行うなどの活動を行っている。

　子どもの生活環境に詳しい民生・児童委員との連携は欠かせない。特に、いろいろな保育所で散見されるケースであるが、保育所の苦情処理制度の委員に地域の民生・児童委員を委嘱し、保育所と民生・児童委員のつながりを日頃から深めておくことにより、通園している子どもで気になる子がいた場合、民生・児童委員と連携をとるということがある。民生・児童委員は任期制度で、地域の住民が任命されるため、日頃からのつながりを大切にすることが連携をうまくとるための方策であると考えられる。

(9) 児童家庭支援センター

　児童家庭センターは、児童福祉法第44条の2に基づき、地域の児童の福祉に関するさまざまな問題について、保護者やその他の機関からの相談を受ける専門機関である。24時間体制で行っていることも特徴である。

　また、訪問等の方法による要保護児童および家庭についての状況把握を行ったり、関係諸機関との連絡調整を行っているので、悩んでいる保護者に対して、児童家庭支援センターと連携を密にとって対処していく方法もある。

(10) 医療機関

　園医として、医師を委嘱している医療機関は当然であるが、他の地域の医療機関についても、園内でのけがや急病の際に連携をとって対応する必要があるため、日頃から、交流を持っておくことが大切である。

　例えば、患者さんを励ますために、園児が医療機関に訪問するなどのことを、行事の一環として位置づけることで、関係が深まるものと考えられる。

(11) 警察

警察との連携は、日頃から子どもや幼稚園・保育所での防犯上での連携や、交通安全教室などの行事を通しての連携、さらには児童虐待などの緊急を要する際のパートナーとしての連携など、いろいろな連携の形が存在する。日頃から、警察と連携をとっているという自覚を持って、つながりを大切にすることが、必要な時の円滑な連携に必要である。

(12) 消防

幼稚園・保育所の園舎の防火管理の観点から、また、保育における行事（消防署見学、焼き芋大会での野外におけるたき火など）や救急搬送などでの接点が出てくるため、警察と同様、つながりを大切にすることが必要である。

2 地域の連携組織

(1) 要保護児童対策地域協議会

児童福祉法第25条の2に基づき、要保護児童もしくは特定妊婦への適切な支援を図るために設置されている。児童虐待の発生予防や早期発見、保護のために関係機関が連携して、情報交換と支援についての協議を行う組織であり、幼稚園や保育所は、連携をするための社会的資源として活用が可能である。要保護児童対策地域協議会は、全国の市町村に設置するように努めなければならないことになっており、その構成機関としては、市町村、児童相談所、福祉事務所、学校、幼稚園、保育所、民生・児童委員、警察、医療機関等などが挙げられる。

(2) 療育担当者会議

療育担当者会議は、市区町村において、障害の早期発見・早期治療等を行うために、関係諸機関の代表者が密接な連携の下に、情報の共有や情報交換を行っている。この会議のメンバーが、幼稚園や保育所へ療育に関する巡回指導に訪問して実際の子どもたちを観察する機会があるので、気になる子が在園している幼稚園・保育所は、巡回指導の機会をね

らって質問をするなど、働きかけをしてみるとよい。

【引用・参考文献】
　　阿部知子『保育者のための家族援助論』萌文書林、2003年
　　厚生労働省『保育所保育指針解説書』フレーベル館、2008年
　　児童福祉法規研究会監修『児童福祉六法平成28年版』中央法規、2015年

（齊藤　崇）

第15章　保育者と法令

第1節　法令の捉え方

1　「法令」とは？

　「法令」とは、法律と国の行政機関が制定する命令を合わせて呼ぶときに用いられる語であるが、「法律とは何か？」について説明するのは難儀である。「法律」を辞書で引くと「社会秩序を維持するために強制される規範」とあり、法律を専門に学び始める学生であっても、難しく聞こえる。この時点で「法律は難しい」という固定観念を持ち、法律を敬遠してしまう。

　大学や短期大学のカリキュラムに、法律に関する授業は必修科目として設定されているし、授業で一度は法律が登場する。しかし学生からは「なぜ、法律に触れる必要があるのか」という素朴な疑問も同時に出てくる。特に「保育者」や「教育者」を目指す学生は、「子どもと遊び、発達や成長の手助けをしたい」という思いが強い。法律を学ぶことに対しての疑問が生じるのは普通であるが、授業者はそうした疑問に対して真摯に応答しなければならない。人間を相手にする職業に就くとすれば、法律は学ばなければならない領域と言っても過言ではない。

　では、どのように取りかかればよいのか。筆者は専門職に就いていくうえで「関係している法律の存在を知ること」から始めればよいと考える。その法律は何を決めているのかについて知ることができれば、その法律で何ができるようになったのか、なぜ修正や改正が必要となったの

か、というように発展していくことが期待できる。本章では「保育者」に関して大切な法律を取り上げ、その目的について概説する。

2 法律を知る意味

なぜ、法律を知る必要があるのか。ここで、一人の主張を紹介する。

「一人ひとりばらばらに独立した人間たちが、ひとつに統合して社会を形成するための条件、それが法律である」［ベッカリーア、2011］。これは、近代刑法学の先駆者であり、罪刑法定主義や死刑廃止、拷問禁止などを主張したベッカリーア（Beccaria, Cesare Bonesana 1738〜1794）が、その代表作である『犯罪と刑罰』において述べた一文である。「法律とは何か」という問いに対しての一回答であり、一見すると保育や教育に無関係のように捉えられる。これに対し、仮に「法律がない」としたら、極端ではあるが、「一人ひとりばらばらに独立した人間たちが、自分の思うがままに行動してよいし、一つに統合する必要もないし、別に社会を形成しなくともよい」という解釈になる。さらにベッカリーアの一説の中に「人間」が出てくる。これを「保育者」に置き換えた場合、「保育者たちは、自分の思うがままに行動してよいし、一つに統合する必要もないし、社会を形成しなくともよい」となってしまう。

「保育者」と呼ばれる幼稚園教諭や保育士は、じかに子どもに接し、保育・教育をしていくことが第一義的な職務であり、近年は保護者をはじめ、家庭や地域への対応も求められている。この状況で、保育者たちは、子ども対して保育・教育するうえで、自らの主観のみを頼りに行ってはならないのである。それは「保育者」は一時的にであっても、子どもを保護者の元から離し、保護者に代わって子どもを預かる、換言すれば、「命を預かる」という重責を担う職業であることに他ならない。さらに「保育者」は保育を専門としている以上、家庭や地域から保育や子育てに関する助言を求められ、専門家として蓄積される知識や技術、経験を提供していかなければならない。つまり、法律が存在しない場合、子

どもが命を落とし、誤った保育知識や技術を「保育者」として職務の枠を超えて家庭や地域に提供し、介入することで、結果的に取り返しのつかない事態に発展することになる。子どもをはじめ、家庭や地域に接していくうえでは「保育者として統一された基準」やそれぞれに対しての介入の限界を示した「枠組み」、すなわち法律の存在を知り、その意義についての理解に努める必要がある。

第2節 子どもの最善の利益

「統一された基準」や「枠組み」、すなわち「法律」は何を目的としているのか。既述のように、「保育者」は子どもの命を預かり、家庭や地域に保育や子育ての知識や技術などを提供する役割を担う。根底にあるものとして、「子どもの最善の利益」があり、それは世界的に求められている内容でもある。

1 児童権利宣言

1959年11月20日、国際連合第14回総会において、「児童権利宣言」が採択された。前文では「人類は児童に対し、最善のものを与える義務を負っている」との基本的な課題を提示する。これを実現するために、個人や民間団体、地方行政機関、政府が、宣言に従って立法およびその他の措置を講じることを求めている。また同宣言第2条では、「児童は、特別の保護を受け、また、健全、かつ、正常な方法及び自由と尊厳の状態の下で身体的、知能的、道徳的、精神的及び社会的に成長することができるための機会及び便益を、法律その他の手段によって与えられなければならない。この目的のために法律を制定するに当たっては、児童の最善の利益について、最高の考慮が払われなければならない」とうたわれている。つまり、第一義的に考慮されなければならないことは「子ど

もの最善の利益」であり、それは法律により守られなければならないと述べたものが同宣言である。

2 児童の権利条約（児童の権利に関する条約）

1989年11月20日の国際連合第44回総会では、国際人権条約の一つである「児童の権利条約（児童の権利に関する条約）」が採択された。同条約は、世界の多くの児童が、今日においてもなお、飢えや貧困等の困難な状況に置かれている状況に鑑みて、世界的な観点から児童の人権の尊重、保護の促進を目指したものである。同条約は、コルチャック（Korczak, Janusz 1878〜1942）が子どもの立場から主張してきた「子どもの権利の尊重」の理念を具現化した国際法であり、日本は同条約を1994年に批准した。以後、日本においても「児童の権利条約」の内容を国内法として法整備されることとなる。

第3節 「保育者」に関する法令

次に、実際に子どもの最善の利益を具現化する職の一つである「保育者」に関する法令ついて具体的に考察する。厳密に言えば、保育者という職業は存在しない。「保育者」は幼稚園教諭、保育士、保育教諭を便宜的にまとめた通称であり、3者については異なった法令によりそれぞれ規定されている。

1 幼稚園制度の概要

(1) 幼稚園の法的根拠（学校教育法）
　第1条　この法律で、学校とは、幼稚園、小学校、中学校、高等学校、中等教育学校、特別支援学校、大学及び高等専門学校とする。

本条が示しているところが、今日の日本における学校であり、「学校

教育法1条校」と呼ばれている。したがって、幼稚園は学校の一つということであり、「幼稚園の先生」は教諭という身分になる。

次に、幼稚園の目的および目標である。

> **第22条** 幼稚園は、義務教育及びその後の教育の基礎を培うものとして、幼児を保育し、幼児の健やかな成長のために適当な環境を与えて、その心身の発達を助長することを目的とする。

幼稚園は学校ということもあり、義務教育（小学校6年間、中学校3年間）に加え、高等学校以上での教育の基礎を培うことを要請されている。その目的を達成するための目標は、同法第23条において、「健康、安全で幸福な生活のために必要な基本的な習慣」を養うことや、集団生活に参加する態度、自主・自律の芽生えを養うことなどを規定している。

(2) 幼稚園教諭免許

学校教育法第22条や第23条で規定されている内容を実践する幼稚園教諭は、子どもに対して教育を施す教育職員と呼ばれる「専門職」である。そのため、専門の知識や技術等を修得し、その証拠となる免許状を取得することが必要不可欠になる。

図表1にある所定の単位数を取得すれば、教育職員免許法に基づく幼稚園教諭の免許状は、各都道府県教育委員会より授与される。免許状は日本全国で有効となり、子どもを教育することが初めて可能となる。

次に、幼稚園教諭の職務についてである。幼稚園教諭の職務内容につ

図表1　幼稚園教諭免許状の種別と必要単位数

免許状の種類		基礎資格	教科に関する科目	教職に関する科目	教科又は教職に関する科目	特別支援教育に関する科目
幼稚園教諭	専修免許状	修士の学位を有すること	6	35	34	
	一種免許状	学士の学位を有すること	6	35	10	
	二種免許状	短期大学士の学位を有すること	4	27		

出典：教育職員免許法別表第1を基に筆者作成

いては、まず学校教育法がある。

　第27条
　9　教諭は、幼児の保育をつかさどる。

　本条における「つかさどる」とは、「職務・任務として取り扱う」という意味がある。幼稚園教諭の職務は、端的に言えば「幼児の保育」ということになるが、職務内容については、既述のように学校教育法第23条において明記されているが、幼稚園教育要領ではさらに詳細に記載されている。

(3) 幼稚園教諭の職務内容

　まず、幼稚園の教育課程に関する事項は、学校教育法において次のように規定している。

　第25条　幼稚園の教育課程その他の保育内容に関する事項は、第22条及び第23条の規定に従い、文部科学大臣が定める。

　学校教育法施行規則は、この規定を受けて幼稚園の教育課程については次のように規定している。

　第38条　幼稚園の教育課程その他の保育内容については、この章に定めるもののほか、教育課程その他の保育内容の基準として文部科学大臣が別に公示する幼稚園教育要領によるものとする。

　このように、文部科学大臣が公示する「幼稚園教育要領」を教育課程の基準とすべきことを示している。幼稚園教育要領においては、幼児教育の基本を定めている。

　第1章　総則　第1　幼稚園教育の基本
　　幼児期における教育は、生涯にわたる人格形成の基礎を培う重要なものであり、幼稚園教育は、学校教育法第22条に規定する目的を達成するため、幼児期の特性を踏まえ、環境を通して行うものであることを基本とする。

そして、①幼児は安定した情緒の下で自己を十分に発揮することにより発達に必要な体験を得ていくものであることを考慮すること、②幼児の自発的な活動としての遊びは、心身の調和のとれた発達の基礎を培う重要な学習であることを考慮すること、③幼児の発達は、心身の諸側面が相互に関連し合い、多様な経過をたどって成し遂げられていくものであり、幼児の生活経験がそれぞれ異なること、の3点を考慮した教育を展開していくことも幼稚園教育要領で示されている。

2　保育所制度の概要

　第7条　この法律で、児童福祉施設とは、助産施設、乳児院、母子生活支援施設、保育所、幼保連携型認定こども園、児童厚生施設、児童養護施設、障害児入所施設、児童発達支援センター、情緒障害児短期治療施設、児童自立支援施設及び児童家庭支援センターとする。

　まず、児童福祉法のこの条から、保育所が児童福祉施設の一つであることが分かる。そして保育士に関する法的根拠は、次に示す条文となる。ここで重要なことは、2001年の児童福祉法改正により、保育士資格が国家資格となったことである。

　第18条の4　この法律で、保育士とは、第18条の18第1項の登録を受け、保育士の名称を用いて、専門的知識及び技術をもって、児童の保育及び児童の保護者に対する保育に関する指導を行うことを業とする者をいう。

　保育士として児童福祉施設に従事するためには、第18条の18第1項の登録、つまり保育士登録簿に登録されなければならない。次に示す条件に該当した者が保育士の資格を有することができる。

　第18条の6　次の各号のいずれかに該当する者は、保育士となる資格を有する。
　（1）厚生労働大臣の指定する保育士を養成する学校その他の施設（以下「指定保育士養成施設」という。）を卒業した者
　（2）保育士試験に合格した者

したがって、上記に示された条件のいずれかを満たした場合、保育士登録が可能となり、保育士証を授与され保育士に就くことができる。つまり、保育士の国家資格化により、保育士の資格を有していない者は保育士と呼ぶことができなくなり（名称独占資格）、保育士資格を有していない者が保育することは禁止され、違反者は児童福祉法第62条に基づき罰せられる。保育士の専門性については、保育所保育指針において提示されている。

第1章　総則　2 保育所の役割
(4) 保育所における保育士は、児童福祉法第18条の4の規定を踏まえ、保育所の役割及び機能が適切に発揮されるように、倫理観に裏付けられた専門的知識、技術及び判断をもって、子どもを保育するとともに、子どもの保護者に対する保育に関する指導を行うものである。

保育士は、児童福祉法でうたわれた内容に基づいて構成されている保育所保育指針により、子どもに対する保育のみならず、子どもの保護者に対する保育指導も職務として位置づいていることが分かる。加えて、保育士が職務遂行するうえでは、以下の内容を十分に理解しておかなければならない。

第18条の21　保育士は、保育士の信用を傷つけるような行為をしてはならない。

第18条の22　保育士は、正当な理由がなく、その業務に関して知り得た人の秘密を漏らしてはならない。保育士でなくなつた後においても、同様とする。

このように、保育士は信用失墜行為をした場合や守秘義務違反をした場合には、登録の取り消し、または保育士の名称使用の停止（児童福祉法第18条の19）、罰金（同法第61条の2および第62条）が課せられることになる。

第4節 保育者と保健・安全に関する法令

　冒頭でも述べた「子どもの最善の利益」を保障していくためには、子どもが安全にそして安心して生活する環境の整備も不可欠となる。そのための法整備もされつつある。

1 幼稚園における保健・安全

　幼稚園は学校教育法第1条でうたわれている学校の一つであることから、学校教育法第12条や学校保健安全法が適用される。

> 第12条　学校においては、別に法律で定めるところにより、幼児、児童、生徒及び学生並びに職員の健康の保持増進を図るため、健康診断を行い、その他その保健に必要な措置を講じなければならない。

　同条は、学校における健康診断として、幼児、児童、生徒に加えて、職員に対しても健康診断を受ける義務を課している。内容については、学校保健安全法にて詳細に規定するところとなっている。以下、学校保健安全法の概要についてまとめて提示する。

　学校保健安全法は、学校における児童生徒等および職員の健康の保持増進を図るため、学校における保健管理に関し必要な事項、児童生徒等の安全の確保が図られるよう、学校における安全管理に関し必要な事項を定め、学校教育の円滑な実施とその成果の確保に資することを目的としている（第1条）。

　学校における健康診断は、同法上、①就学時の健康診断、②児童生徒等の健康診断、③職員の健康診断の3種類に種別される（**図表2**参照）。また、児童生徒の定期健康診断は毎学年6月30日までに行うものとされている（学校保健安全法施行規則第5条第1項）。また、感染症予防に関しては、学校保健安全法第19条（出席停止）、第20条（臨時休業）で規定

図表2　学校保健安全法の条文略表

第5条	学校保健計画の策定等
第6条	学校環境衛生基準
第11条	就学時の健康診断
第13条	児童生徒等の健康診断
第15条	職員の健康診断

(筆者作成)

しており、出席停止の期間の基準については、学校保健安全法施行規則において定めている。

2　保育所における保健・安全

児童福祉施設である保育所にかかる保健や安全の規定については、児童福祉法第45条の規定に基づいて、「児童福祉施設の設備及び運営に関する基準」(厚生労働省令)で定められている。

> 第12条　児童福祉施設(児童厚生施設及び児童家庭支援センターを除く。第4項を除き、以下この条において同じ。)の長は、入所した者に対し、入所時の健康診断、少なくとも1年に2回の定期健康診断及び臨時の健康診断を、学校保健安全法(昭和33年法律第56号)に規定する健康診断に準じて行わなければならない。

その他、同基準に関して、保健・安全に関する規定は**図表3**のようにまとめられる。

この他にも、乳児院に関しては同基準第19条(設備の基準)から第25条(関係機関との連携)、児童養護施設に関しては第41条(設備の基準)から第47条(関係機関との連携)など、児童福祉施設にかかる保健・安全について詳細に規定されている。

図表3　児童福祉施設の設備及び運営に関する基準の条文略表

第6条	児童福祉施設と非常災害
第10条	衛生管理等
第11条	食事
第14条の2	秘密保持等

(筆者作成)

以上、「保育者」に関して基本となる法令について見てきた。冒頭でも述べたように、まずは法令の存在を知ることが重要となる。そのうえで、法令の内容を理解していくことが求められよう。

【引用・参考文献】

　伊藤良高『幼児教育行政学』晃洋書房、2015年

　大村敦志『父と娘の法入門』岩波ジュニア新書、2005年

　三井綾子『教育者という生き方』ぺりかん社、2012年

　ミネルヴァ書房編集部編『保育小六法2015』ミネルヴァ書房、2015年

　森上史朗監修、大豆生田啓友・三谷大紀編『最新保育資料集2015』ミネルヴァ書房、2015年

（澤田裕之）

【監修者紹介】

谷田貝公昭（やたがい・まさあき）
　目白大学名誉教授
［主な著書］『絵でわかるこどものせいかつずかん［全4巻］』（監修、合同出版、2012年）、『しつけ事典』（監修、一藝社、2013年）、『実践・保育内容シリーズ［全6巻］』（監修、一藝社、2014～2015年）ほか多数

石橋哲成　（いしばし・てつなり）
　玉川大学名誉教授、田園調布学園大学大学院教授
［主な著書］『ペスタロッチー・フレーベル事典』（共編著、玉川大学出版部、2006年）、『ペスタロッチー・フレーベルと日本の近代教育』（共著、玉川大学出版部、2009年）、『新版・保育用語辞典』（共編著、一藝社、2016年）ほか多数

【編著者紹介】

谷田貝公昭（やたがい・まさあき）
　〈上掲〉

【執筆者紹介】（五十音順）

新山裕之（あらやま・ひろゆき）　［第3章］
　港区立高輪幼稚園長

小尾麻希子（おび・まきこ）　［第10章］
　武庫川女子大学文学部専任講師

金　眞紀子（きむ・まきこ）　［第9章］
　聖心女子専門学校副校長

工藤ゆかり（くどう・ゆかり）　［第11章］
　帯広大谷短期大学専任講師

齊藤　崇（さいとう・たかし）［第7・14章］
　日本体育大学児童スポーツ教育学部准教授

澤田裕之（さわだ・ひろゆき）　［第15章］
　信州豊南短期大学講師

副島里美（そえじま・さとみ）　［第6章］
　静岡県立大学短期大学部准教授

高橋弥生（たかはし・やよい）　［第8章］
　目白大学人間学部教授

東城大輔（とうじょう・だいすけ）　［第5章］
　大阪総合保育大学児童保育学部専任講師

二宮祐子（にのみや・ゆうこ）　［第13章］
　埼玉東萌短期大学専任講師

馬場結子（ばば・ゆうこ）　　　［第2章］
　　淑徳大学短期大学部准教授

寳來敬章（ほうらい・たかあき）　［第4章］
　　高田短期大学講師

持田京子（もちだ・きょうこ）　　［第12章］
　　埼玉純真短期大学専任講師

谷田貝公昭（やたがい・まさあき）［第1章］
　　〈監修者紹介参照〉

コンパクト版保育者養成シリーズ
保育者論

2016年4月1日　初版第1刷発行

監修者　谷田貝 公昭・石橋 哲成
編著者　谷田貝 公昭
発行者　菊池 公男

発行所　株式会社 一藝社
〒160-0014 東京都新宿区内藤町1-6
Tel. 03-5312-8890　Fax. 03-5312-8895
E-mail : info@ichigeisha.co.jp
HP : http://www.ichigeisha.co.jp
振替　東京 00180-5-350802
印刷・製本　シナノ書籍印刷株式会社

©Masaaki Yatagai, Tetsunari Ishibashi 2016 Printed in Japan
ISBN 978-4-86359-111-0 C3037
乱丁・落丁本はお取り替えいたします

一藝社の本

保育者養成シリーズ

林 邦雄・谷田貝公昭◆監修

教育原理　　　　　　　大沢 裕◆編著
A5判　並製　208頁　定価（本体2,200円＋税）　ISBN 978-4-86359-034-2

保育内容総論　　　　　大沢 裕・高橋弥生◆編著
A5判　並製　200頁　定価（本体2,200円＋税）　ISBN 978-4-86359-037-3

保育の心理学Ⅰ　　　　谷口明子・西方 毅◆編著
A5判　並製　216頁　定価（本体2,200円＋税）　ISBN 978-4-86359-038-0

保育の心理学Ⅱ　　　　西方 毅・谷口明子◆編著
A5判　並製　208頁　定価（本体2,200円＋税）　ISBN 978-4-86359-039-7

相談援助　　　　　　　髙玉和子・和田上貴昭◆編著
A5判　並製　208頁　定価（本体2,200円＋税）　ISBN 978-4-86359-035-9

保育相談支援　　　　　髙玉和子・和田上貴昭◆編著
A5判　並製　200頁　定価（本体2,200円＋税）　ISBN 978-4-86359-036-6

保育・教育課程論　　　高橋弥生◆編著
A5判　並製　216頁　定価（本体2,200円＋税）　ISBN 978-4-86359-044-1

障害児保育　　　　　　青木 豊◆編著
A5判　並製　208頁　定価（本体2,200円＋税）　ISBN 978-4-86359-045-8

乳児保育　　　　　　　中野由美子・高橋弥生◆編著
A5判　並製　212頁　定価（本体2,200円＋税）　ISBN 978-4-86359-093-9

保育原理　　　　　　　谷田貝公昭・中野由美子◆編
A5判　並製　212頁　定価（本体2,200円＋税）　ISBN 978-4-86359-097-7

《 "幼児の心のわかる保育者を養成する"
という課題に応える新シリーズ 》

保育実習　　　　　　高橋弥生・小野友紀◆編著
A5判　並製　208頁　定価（本体2,200円＋税）　ISBN 978-4-86359-046-5

幼稚園教育実習　　　大沢 裕・高橋弥生◆編著
A5判　並製　208頁　定価（本体2,200円＋税）　ISBN 978-4-86359-047-2

新版 保育者論　　　　谷田貝公昭・高橋弥生◆編著
A5判　並製　208頁　定価（本体2,200円＋税）　ISBN 978-4-86359-051-9

子どもの食と栄養　　林 俊郎◆編著
A5判　並製　216頁　定価（本体2,200円＋税）　ISBN 978-4-86359-052-6

社会福祉　　　　　　山﨑順子・和田上貴昭◆編著
A5判　並製　224頁　定価（本体2,200円＋税）　ISBN 978-4-86359-053-3

家庭支援論　　　　　中野由美子◆編著
A5判　並製　200頁　定価（本体2,200円＋税）　ISBN 978-4-86359-061-8

社会的養護　　　　　千葉茂明◆編著
A5判　並製　216頁　定価（本体2,200円＋税）　ISBN 978-4-86359-071-7

社会的養護内容　　　千葉茂明◆編著
A5判　並製　216頁　定価（本体2,200円＋税）　ISBN 978-4-86359-070-0

子どもの保健Ⅰ　　　加部一彦◆編著
A5判　並製　216頁　定価（本体2,200円＋税）　ISBN 978-4-86359-069-4

新版 児童家庭福祉論　髙玉和子・山﨑順子・和田上貴昭◆編著
A5判　並製　208頁　定価（本体2,200円＋税）　ISBN 978-4-86359-094-6

ご注文は最寄りの書店または小社営業部まで。小社ホームページからもご注文いただけます。

一藝社の本

実践 保育内容シリーズ ［全6巻］
*各巻平均184頁

谷田貝公昭◆監修

《保育内容各領域のポイントを精選。コンパクトで使いやすい新シリーズ！》

1 健康
谷田貝公昭・高橋弥生◆編

A5判　並製　定価（本体2,000円＋税）　ISBN 978-4-86359-072-4

2 人間関係
小櫃智子・谷口明子◆編著

A5判　並製　定価（本体2,000円＋税）　ISBN 978-4-86359-073-1

3 環境
大澤 力◆編著

A5判　並製　定価（本体2,000円＋税）　ISBN 978-4-86359-074-8

4 言葉
谷田貝公昭・廣澤満之◆編

A5判　並製　定価（本体2,000円＋税）　ISBN 978-4-86359-075-5

5 音楽表現
三森桂子・小畠エマ◆編著

A5判　並製　定価（本体2,000円＋税）　ISBN 978-4-86359-076-2

6 造形表現
おかもとみわこ・石田敏和◆編著

A5判　並製　定価（本体2,000円＋税）　ISBN 978-4-86359-077-9

ご注文は最寄りの書店または小社営業部まで。小社ホームページからもご注文いただけます。